OS DIREITOS DAS CRIANÇAS MULTILÍNGUES

Bilingual Book
Português/English

The Rights of Multilingual Children

Written by
María Rosana Mestre
+
Amélie Mestre-Matumoto
Illustrated by
Marcus Matumoto

United Nations

ISBN 978-1-962185-48-6

The Rights of Multilingual Children 2 - english and spanish
Published by Underline Publishing
Text @ 2024 Maria Rosana Mestre
Art @ 2024 Marcus Matumoto
Design by Marcus Matumoto

www.underlinepublishing.com

OS DIREITOS DAS CRIANÇAS MULTILÍNGUES

Bilingual Book
Português/English

The Rights of Multilingual Children

Written by
María Rosana Mestre
+
Amélie Mestre-Matumoto
Illustrated by
Marcus Matumoto

United Nations

CONVENCIÓN
SOBRE LOS
DERECHOS
DEL NIÑO

https://weshare.unicef.org/Detail/2AM408TCK0DA

CONVENTION
ON THE
RIGHTS OF
THE CHILD

https://weshare.unicef.org/Detail/2AM408TCH6MC

**United
Nations** | Peace, dignity and equality
on a healthy planet

Existem crianças com dois olhos, dois ouvidos, duas culturas, duas línguas, duas mãos e dois corações; aquele onde vivem e de onde vêm, e é por isso que somos biculturais ou multiculturais.

...

There are children with two eyes, two ears, two cultures, two languages, two hands, and two hearts; one where they live and where they come from, and that is why we are bicultural or multicultural.

María Rosana Mestre

1. We have the right to listen to bilingual lullabies swimming in our mom's womb colossal pool, in the rocking chair with dad, and playing on the couch with grannie.

*See articles 30 and 5 of UN Convention on the Rights of the Child.

1. Temos o direito de ouvir canções de ninar bilíngues desde que vivíamos na grande piscina dentro da mamãe; na cadeira de balanço com o papai e quando brincamos com a vovó no sofá.

*Ver artigo 30 e artigo 5 da Convenção da Organização das Nações Unidas (ONU) sobre os Direitos da Criança.

2. As we grow up, remember to cuddle, hold my hand and with the other hand, show us where we came from; the food that was eaten there, the plants that grew there, and how many fruits you hid at your aunts' house.

*See article 5 of UN Convention on the Rights of the Child.

2. À medida que crescemos, lembre-se de nos aconchegar, segurar com uma mão e com a outra mostrar-nos de onde viemos; a comida que ali se comia, as plantas que ali cresciam e quantas frutas você escondia na casa de suas tias.

*Ver artigo 5 da Convenção da ONU sobre os Direitos da Criança.

3. As we start talking, remember we have two languages to process. Words are like seeds; put them in our ears, water them with love every day. And you will see our vocabulary growing like a sunflower.

*See article 30 of UN Convention on the Rights of the Child.

3. Quando começarmos a falar, lembre-se que temos dois idiomas para processar. As palavras são como sementes, coloque-as em nossos ouvidos, regue-as com carinho todos os dias, e você verá nosso vocabulário crescer como um girassol.

*Ver artigo 30 da Convenção da ONU sobre os Direitos da Criança.

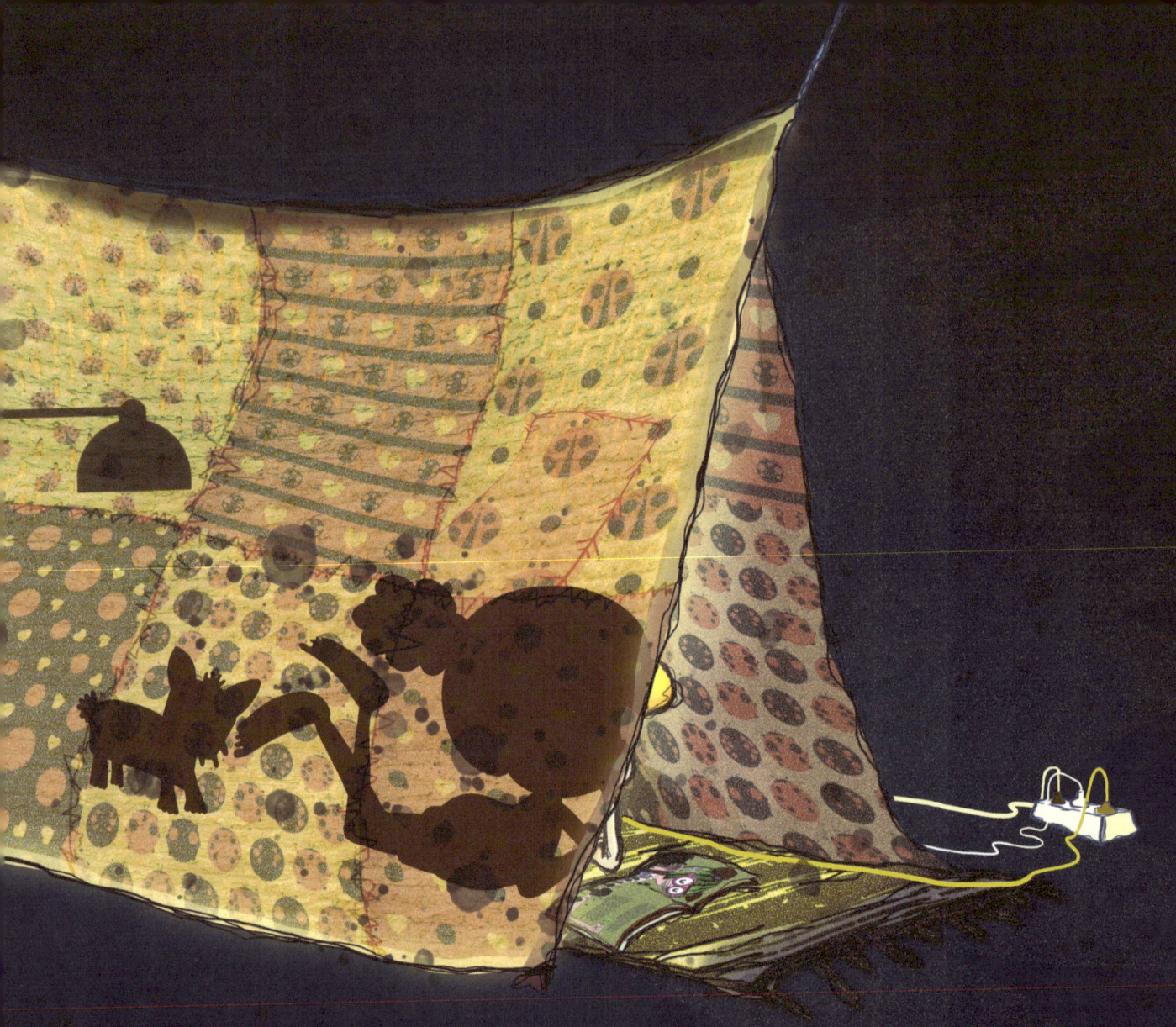

4. We have the right to belong and feel protected in one place, even if there are two in our hearts.

*See article 7 of UN Convention on the Rights of the Child.

4. Temos o direito de pertencer, sentir-se protegido em um lugar, embora em nossos corações existem dois.

*Ver artigo 7 da Convenção da ONU sobre os Direitos da Criança.

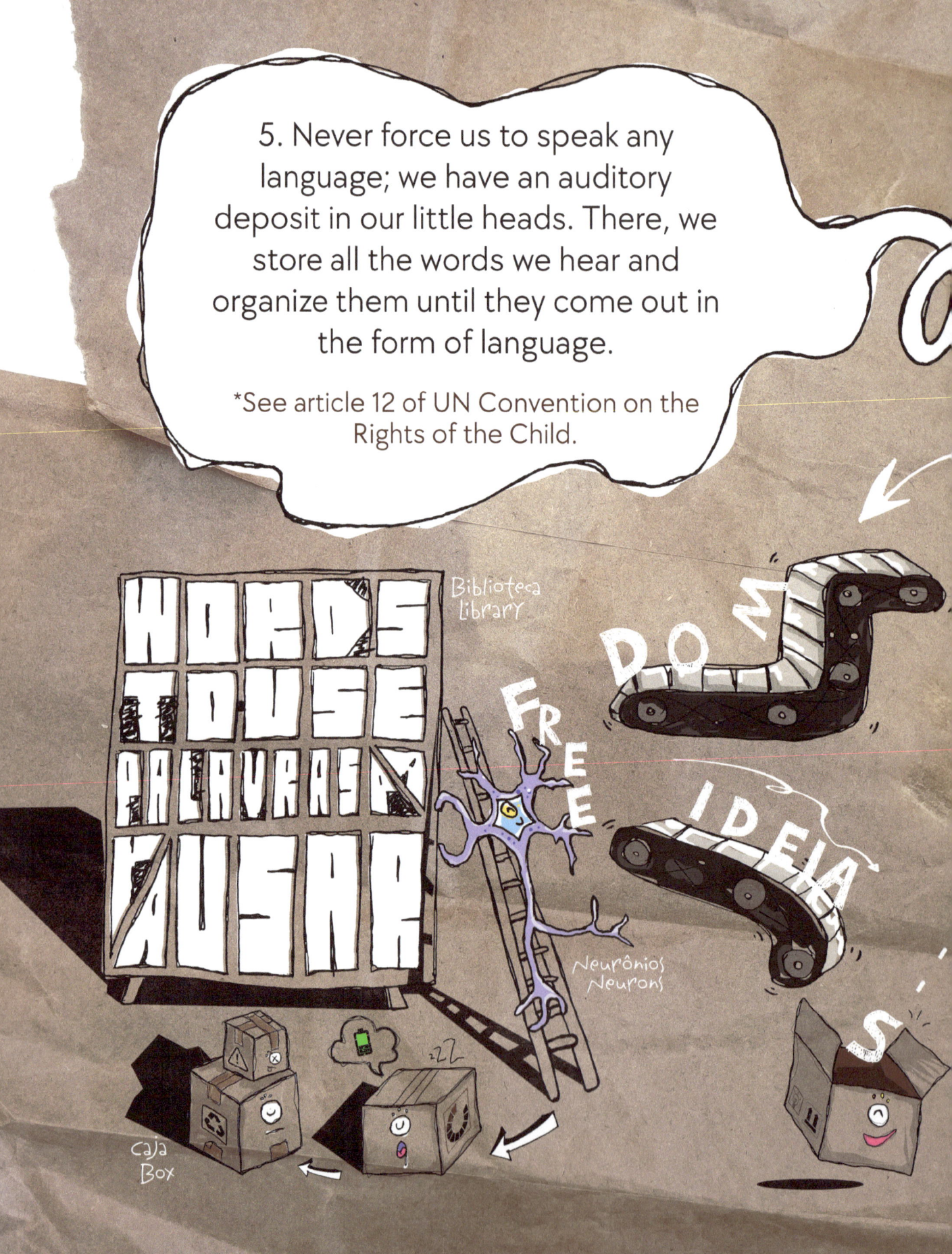

5. Never force us to speak any language; we have an auditory deposit in our little heads. There, we store all the words we hear and organize them until they come out in the form of language.

*See article 12 of UN Convention on the Rights of the Child.

5. Nunca nos force a falar qualquer idioma, temos um depósito auditivo na nossa cabecinha. Ali guardamos todas as palavras que ouvimos e as organizamos até que elas mesmas saiam em forma de linguagem.

*Ver artigo 12 da Convenção da ONU sobre os Direitos da Criança.

6. Open spaces for us to freely share our culture; that merges with another and forms a new one. Do not impose on us to separate one language from the other, one music from the other, one friend from the other; for us, it is only one juice, just like orange and carrot juice.

*See article 30 of UN Convention on the Rights of the Child.

6. Abra espaços para compartilharmos livremente a nossa cultura, que se funde com outra e forma uma nova. Não nos obrigue a separar uma língua da outra, uma música da outra, alguns amigos dos outros; Para nós é um suco único. Bem como suco de laranja com cenoura.

*Ver artigo 30 da Convenção da ONU sobre os Direitos da Criança.

7. Remember, we are little and living between reality and fantasy as we eat one-time broccoli and another time watermelon. We tend to give particular meaning to the words we hear and associate them with conscious and unconscious experiences, that way we build our basis for communicating with the world. Some grown-ups call it semiotic.

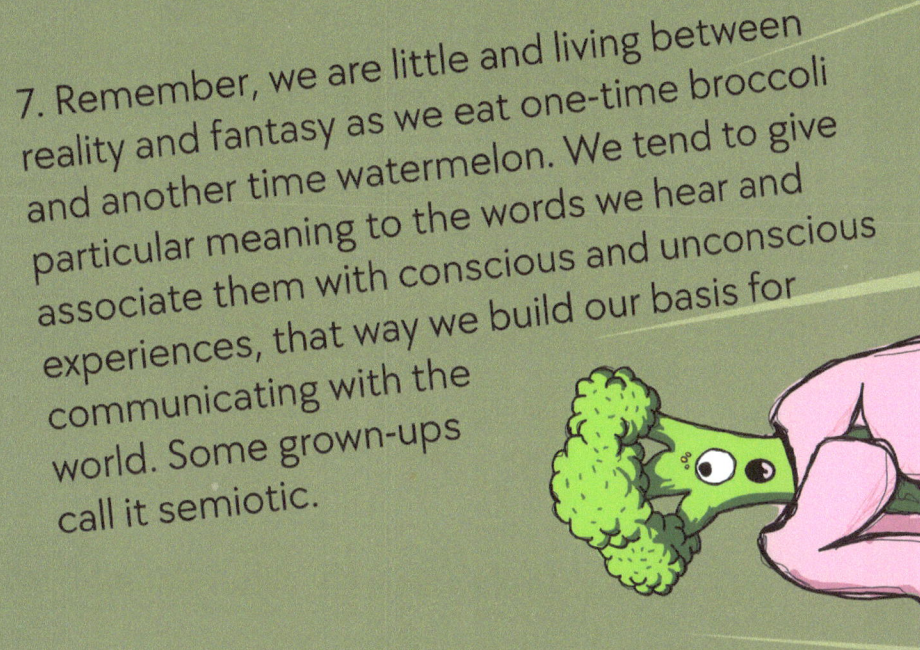

7. Lembre-se que somos pequenos e vivemos entre a realidade e fantasia. Assim como uma vez comemos brócolis e outra vez comemos melancia. Nós usualmente damos significado próprio às palavras que escutamos e vamos associando a experiências consciente e inconsciente; e assim construímos nossa própria base para comunicar com o mundo. Alguns adultos chamam isso de semiótica.

8. Tell us about nature here and there; we have the right to know what we eat, how we eat it, and where it comes. Did you know that a big part of the tropical fruits come from Latin America and the Caribbean?

*See article 24 of UN Convention on the Rights of the Child.

8. Conte-nos sobre a natureza aqui e ali; Temos o direito de saber o que comemos, como fazemos, por que fazemos e se você fez isso. Você sabia que grande parte das frutas tropicais vem da América Latina e do Caribe?

*Ver artigo 24 da Convenção da ONU sobre os Direitos da Criança.

9. We have the right to have two flags; color them, cut them, and make cool kites about them and see them fly.

*See article 31 of UN Convention on the Rights of the Child.

9.Temos direito a ter duas bandeiras; pintá-las, recortá-las e fazer papagaios com elas para vê-los voar.

*Ver artigo 31 da Convenção da ONU sobre os Direitos da Criança.

PASSPORT/PASAPORTE

NAME/NOMBRE
Don Joaquín de los Valles González Derosa

DATE OF BIRTH / FECHA DE NACIMIENTO
12/18/1918

PLACE OF BIRTH / LUGAR DE NACIMIENTO
Monolholand

HOLDER'S SIGNATURE / TITULAR

10. All of us born on this planet have the right to be and have a name and individuality. Individuality. Respect our name, as our rights ask you, and remember that there are no spelling rules in them. We can be Lucia, Lucía, Luzia o Fábio, Favio, Xavier o Javier, Thiago o Santiago and have one, two surnames or more like the stories of the old realms.

* See article 8 of UN Convention on the Rights of Children.

10. Todos nós que nascemos neste planeta temos o direito de ter direito a ser, de ter um nome e uma individualidade. Respeite o nosso nome, como os nossos direitos te exigem e lembre-se que neles não existem regras ortográficas. Podemos ser Fábio, Favio, Lúcia, Lucía, Luzia, Xavier ou Javier, Thiago ou Santiago, e ter um, dois ou mais sobrenomes, como nas histórias dos reinos antigos.

*Ver artigo 8 da Convenção da ONU sobre os Direitos das Crianças.

Article 5

States Parties shall respect the responsibilities, rights and duties of parents or, where applicable, the members of the extended family or community as provided for by local custom, legal guardians or other persons legally responsible for the child, to provide, in a manner consistent with the evolving capacities of the child, appropriate direction and guidance in the exercise by the child of the rights recognized in the present Convention.

Activity Title: Children's Rights and the Role of Family and Community

Objective: To explore the role of parents, family, and community in guiding and supporting children's rights, as outlined in Article 5 of the Convention on the Rights of the Child.

Materials Needed:
- Paper and pencils for each child.
- Posters or slides with children's rights as outlined in the Convention on the Rights of the Child.
- Optional visual aids, such as representative images of parents, families, and communities.

Activity Steps:
1. Introduction (10 minutes): Start by explaining to the children about children's rights, emphasizing that they have special rights that should be respected. Present Article 5 on the desired language and discuss the role of parents, family, and community in guiding and supporting the exercise of these rights.

2. Group Discussion (15 minutes): Divide the children into small groups and assign each group a specific children's right (for example, the right to education, the right to protection from violence, etc.). Ask each group to discuss how parents, family, and community can help children exercise this right. They can make a list of examples and share them with the class later.

3. Presentation (15 minutes): Invite each group to present their ideas on how parents, family, and community can support the exercise of children's rights. Record each group's ideas on a board or poster for future reference.

4. Creative Activity (20 minutes): Ask the children to draw or write about a situation in which they received support from their parents, family, or community to exercise one of their rights. This can be shared with the class if they wish.

5. Conclusion (10 minutes): Conclude the activity by emphasizing the importance of parents, family, and community in supporting children's rights and encouraging the children to share their learnings with their families at home.

This activity provides children with the opportunity to reflect on their rights, as well as promotes a deeper understanding of the crucial role that parents, family, and community play in ensuring these rights.

Artigo 5

Os Estados Partes respeitarão as responsabilidades, os direitos e os deveres dos pais ou, se for caso disso, dos membros da família alargada ou da comunidade, conforme estabelecido pelos costumes locais, os tutores ou outras pessoas legalmente responsáveis pela criança, de acordo com a evolução da sua criança. ou às suas faculdades, orientação e orientação adequadas para permitir que a criança exerça os direitos reconhecidos nesta Convenção.

Título da Atividade: Direitos das Crianças e o Papel da Família e da Comunidade

Objectivo: Explorar o papel dos pais, da família e da comunidade na orientação e apoio aos direitos das crianças, conforme estabelecido no Artigo 5 da Convenção sobre os Direitos da Criança.

Materiais necessários:
- Papel e lápis para cada criança.
- Cartazes ou slides com os direitos das crianças estabelecidos na Convenção sobre os Direitos da Criança.
- Recursos visuais opcionais, como imagens representativas de pais, famílias e comunidades.

Etapas da atividade:
1. Introdução (10 minutos): Comece por explicar às crianças sobre os direitos das crianças, enfatizando que elas têm direitos especiais que devem ser respeitados. Apresente o Artigo 5 no idioma desejado e discuta o papel dos pais, da família e da comunidade na orientação e apoio ao exercício desses direitos.

2. Discussão em grupo (15 minutos): Divida as crianças em pequenos grupos e atribua a cada grupo um direito específico da criança (por exemplo, o direito à educação, o direito à protecção contra a violência, etc.). Peça a cada grupo para discutir como os pais, a família e a comunidade podem ajudar as crianças a exercer este direito. Você pode fazer uma lista de exemplos e compartilhá-los com a turma mais tarde.

3. Apresentação (15 minutos): Convide cada grupo a apresentar as suas ideias sobre como os pais, a família e a comunidade podem apoiar o exercício dos direitos das crianças. Registre as ideias de cada grupo em um quadro ou cartaz para referência futura.

4. Atividade Criativa (20 minutos): Peça às crianças que desenhem ou escrevam sobre uma situação em que receberam apoio dos pais, da família ou da comunidade para exercer um dos seus direitos. Isso pode ser compartilhado com a turma, se desejarem.

5. Conclusão (10 minutos): Conclua a atividade enfatizando a importância dos pais, da família e da comunidade no apoio aos direitos das crianças e no incentivo às crianças a partilharem a sua aprendizagem com as suas famílias em casa.

Esta actividade proporciona às crianças a oportunidade de reflectir sobre os seus direitos, bem como promove uma compreensão mais profunda do papel crucial que os pais, a família e a comunidade desempenham na garantia desses direitos.

Article 7

1. The child shall be registered immediately after birth and shall have the right from birth to a name, the right to acquire a nationality and, as far as possible, the right to know and be cared for by his or her parents.

2. Parties shall ensure the implementation of these rights in accordance with their national law and their obligations under the relevant international instruments in this field, in particular where the child would otherwise be stateless.

Title of Activity: *Celebrating Our Cultural Differences*

Objective: *To promote understanding and respect for cultural diversity, emphasizing the rights of children belonging to ethnic, religious, linguistic, or indigenous minorities, as established in Article 30.*

Materials Needed:
- *Copies of Article 7 in the desired language.*
- *Paper and pencils for each child.*
- *Optional visual aids, such as representative images of different cultures.*

Activity Steps:

1. Introduction (10 minutes): *Begin by explaining to the children what ethnic, religious, linguistic, and indigenous minorities are, using simple and relevant examples. Then, read the text of Article 30 aloud and discuss its meaning in accessible language.*

2. Group Discussion (15 minutes): *Divide the children into small groups and ask each group to discuss what the text means to them. Encourage them to share examples of different cultures they know and how these cultures are preserved and respected. Circulate among the groups to provide guidance and clarification as needed.*

3. Presentation (15 minutes): *Invite each group to share their insights with the class as a whole. Encourage the children to express their opinions and to respect the opinions of others.*

4. Creative Activity (20 minutes): *Ask the children to draw or write about a cultural tradition that they value or practice in their own families or communities. This can include food, music, dance, clothing, festivals, and more. They can share their creations with the class if they wish.*

5. Conclusion (10 minutes): *Conclude the activity by highlighting the importance of respecting and celebrating cultural differences. Reinforce that all children have the right to enjoy their own culture, religion, and language, as stipulated in Article 30.*

This activity provides children with the opportunity to learn about cultural diversity, promote mutual respect, and celebrate their own cultural identities while recognizing and valuing the cultures of others.

Artigo 7

1. A criança será registada imediatamente após o nascimento e terá direito, desde o nascimento, a um nome, a adquirir uma nacionalidade e, na medida do possível, a conhecer os seus pais e a ser cuidada por eles.
2. Os Estados Partes assegurarão a implementação destes direitos de acordo com a sua legislação nacional e as suas obrigações ao abrigo dos instrumentos internacionais relevantes nesta área, especialmente quando a criança, de outra forma, seria apátrida.

Título da Atividade: Celebrando Nossas Diferenças Culturais

Objetivo: Promover a compreensão e o respeito pela diversidade cultural, enfatizando os direitos das crianças pertencentes a minorias étnicas, religiosas, linguísticas ou indígenas, conforme estabelecido no artigo 30.

Materiais necessários:
- Cópias do Artigo 7 na língua desejada.
- Papel e lápis para cada criança.
- Recursos visuais opcionais, como imagens representativas de diferentes culturas.

Etapas da atividade:
1. Introdução (10 minutos): Comece por explicar às crianças o que são as minorias étnicas, religiosas, linguísticas e indígenas, utilizando exemplos simples e relevantes. A seguir, leia em voz alta o texto do Artigo 30 e discuta o seu significado em linguagem acessível.

2. Discussão em grupo (15 minutos): Divida as crianças em pequenos grupos e peça a cada grupo que discuta o que o texto significa para elas. Incentive-os a partilhar exemplos de diferentes culturas que conhecem e como essas culturas são preservadas e respeitadas. Circule entre os grupos para fornecer orientações e esclarecimentos conforme necessário.

3. Apresentação (15 minutos): Convide cada grupo a partilhar as suas reflexões com toda a turma. Incentive as crianças a expressarem suas opiniões e respeitarem as opiniões dos outros.

4. Atividade Criativa (20 minutos): Peça às crianças para desenharem ou escreverem sobre uma tradição cultural que valorizam ou praticam nas suas próprias famílias ou comunidades. Isso pode incluir comida, música, dança, roupas, festivais e muito mais. Eles podem compartilhar suas criações com a turma, se desejarem.

5. Conclusão (10 minutos): Conclua a atividade destacando a importância de respeitar e celebrar as diferenças culturais. Reforçar que todas as crianças têm o direito de desfrutar da sua própria cultura, religião e língua, conforme estipulado no Artigo 30.

Esta atividade proporciona às crianças a oportunidade de aprender sobre a diversidade cultural, promover o respeito mútuo e celebrar as suas próprias identidades culturais, ao mesmo tempo que reconhecem e valorizam as culturas dos outros.

Article 8

1. States Parties undertake to respect the right of the child to preserve his or her identity, including nationality, name and family relations as recognized by law without unlawful interference.
2. Where a child is illegally deprived of some or all of the elements of his or her identity, States Parties shall provide appropriate assistance and protection, with a view to re-establishing speedily his or her identity.

Activity Title: *Preserving Our Identity*

Objective: *To explore the importance of personal identity, including nationality, name, and family relations, as outlined in Article 8 of the Convention on the Rights of the Child.*

Materials Needed:
- Paper and pencils for each child.
- Cardboard or poster board.
- Scissors, glue, colored pens (optional).
- Visual aids, such as representative images of identity and family.

Activity Steps:
1. Introduction (10 minutes): Start by explaining to the children about the right to preserve personal identity, as outlined in Article 8. Highlight the importance of elements such as nationality, name, and family relations to each person's identity.

2. Group Discussion (15 minutes): Divide the children into small groups and ask each group to discuss what it means to have a personal identity and why it is important to preserve it. They can share their ideas and personal experiences about their own names, nationalities, and families.

3. Creative Activity (20 minutes): Ask the children to create an "Identity Card" or an "Identity Panel" that represents who they are. They can include information such as their full name, date of birth, nationality, a photo of themselves, and drawings or photos representing their family and things they like. They can decorate the cards or panels with colorful materials.

4. Presentation (15 minutes): Invite each child to share their "Identity Card" or "Identity Panel" with the class. They can explain the meaning of each chosen element and why they are important to them.

5. Final Discussion (10 minutes): Conclude the activity with a group discussion about the importance of preserving personal identity and how we can help those who have been unfairly deprived of part or all of their identity elements.

This activity allows children to explore and express their own identity while developing empathy and understanding about the importance of preserving the identity of others.

Artigo 8

1. Os Estados Partes comprometem-se a respeitar o direito da criança de preservar a sua identidade, incluindo a nacionalidade, o nome e as relações familiares, de acordo com a lei, sem interferência ilegal.
2. Quando uma criança é ilegalmente privada de alguns ou de todos os elementos da sua identidade, os Estados Partes prestarão assistência e protecção adequadas com vista ao restabelecimento imediato da sua identidade.

Título da Atividade: Preservando Nossa Identidade

Objectivo: Explorar a importância da identidade pessoal, incluindo a nacionalidade, o nome e as relações familiares, conforme estabelecido no Artigo 8 da Convenção sobre os Direitos da Criança.

Materiais necessários:
- Papel e lápis para cada criança.
- Cartazes ou folhas grandes de papel.
- Tesoura, cola, canetas coloridas (opcional).
- Recursos visuais, como imagens representativas da identidade e da família.

Etapas da atividade:
1. Introdução (10 minutos): Comece por explicar às crianças sobre o direito à preservação da identidade pessoal, conforme estabelecido no artigo 8°. Destaque a importância de elementos como a nacionalidade, o nome e as relações familiares para a identidade de cada pessoa.

2. Discussão em grupo (15 minutos): Divida as crianças em pequenos grupos e peça a cada grupo que discuta o que significa ter uma identidade pessoal e por que é importante preservá-la. Eles podem partilhar as suas ideias e experiências pessoais sobre os seus próprios nomes, nacionalidades e famílias.

3. Atividade Criativa (20 minutos): Peça às crianças para criarem uma "Carteira de Identidade" ou "Painel de Identidade" que represente quem elas são. Eles podem incluir informações como nome completo, data de nascimento, nacionalidade, uma foto sua e desenhos ou fotos que representem sua família e coisas de que gostam. Você pode decorar os cartões ou painéis com materiais coloridos.

4. Apresentação (15 minutos): Convide cada criança a partilhar o seu "Cartão de Identidade" ou "Painel de Identidade" com a turma. Eles podem explicar o significado de cada item escolhido e por que é importante para eles.

5. Discussão Final (10 minutos): Conclua a atividade com uma discussão em grupo sobre a importância de preservar a identidade pessoal e como podemos ajudar aqueles que foram injustamente privados de parte ou de todos os elementos da sua identidade.

Esta atividade permite que as crianças explorem e expressem a sua própria identidade, ao mesmo tempo que desenvolvem empatia e compreensão sobre a importância de preservar a identidade dos outros.

Article 12

1. States Parties shall assure to the child who is capable of forming his or her own views the right to express those views freely in all matters affecting the child, the views of the child being given due weight in accordance with the age and maturity of the child.
2. For this purpose, the child shall in particular be provided the opportunity to be heard in any judicial and administrative proceedings affecting the child, either directly, or through a representative or an appropriate body, in a manner consistent with the procedural rules of national law.

Activity Title: *Children's Voice*

Objective: *To promote children's expression of opinions and encourage them to actively participate in matters that affect them, as established in Article 12 of the Convention on the Rights of the Child.*

Materials Needed:
- Paper and pencils for each child.
- Posters or large sheets of paper.
- Colored pens, markers, or chalk.
- Optional visual aids, such as images representing children expressing their opinions.

Activity Steps:
1. Introduction (10 minutes): Start by explaining to the children about their right to express their own opinions on matters that affect them, as established in Article 12. Emphasize the importance of their opinions and how they can make a difference.

2. Brainstorming (15 minutes): Conduct a group brainstorming session where children discuss and share ideas about issues or problems they would like to address at school or in the community. Write down all suggestions on a poster or large sheet of paper.

3. Theme Selection (10 minutes): Vote on the ideas presented during the brainstorming and choose the themes to be addressed in the activity.

4. Activity Development (30 minutes):
- Divide the children into small groups, each responsible for discussing and presenting a proposal related to the chosen themes.
- Each group should develop a presentation or proposal to address the chosen issue. They can use posters, role plays, songs, or any other form of creative expression to present their ideas.

5. Presentation (15 minutes): Invite each group to present their proposal to the class. Encourage the children to express their opinions and share suggestions for solving the problem.

6. Discussion and Reflection (10 minutes): Lead a group discussion about the different proposals presented. Encourage the children to reflect on the importance of being heard and how they can contribute to decision-making at school and in the community.

This activity not only allows children to express their opinions but also promotes problem-solving skills, teamwork, and civic responsibility, while strengthening their confidence and self-esteem.

Artigo 12

1. Os Estados Partes garantirão à criança que seja capaz de formar o seu próprio julgamento o direito de expressar livremente a sua opinião sobre todas as questões que a afectem, tendo em devida conta as opiniões da criança, dependendo da sua idade. e maturidade da criança.

2. Para este efeito, em particular, será dada à criança a oportunidade de ser ouvida em qualquer procedimento judicial ou administrativo que a afecte, quer directamente, quer através de um representante ou de um órgão apropriado, de uma forma consistente com as regras processuais do direito nacional.

Título da Atividade: Voz Infantil

Objectivo: Promover a expressão das opiniões das crianças e incentivá-las a participar activamente nos assuntos que as afectam, conforme estabelecido no artigo 12 da Convenção sobre os Direitos da Criança.

Materiais necessários:
- Papel e lápis para cada criança.
- Cartazes ou folhas grandes de papel.
- Canetas coloridas, marcadores ou giz.
- Recursos visuais opcionais, como imagens que representem crianças expressando suas opiniões.

Etapas da atividade:
1.Introdução (10 minutos): Comece por explicar às crianças o seu direito de expressar as suas próprias opiniões sobre assuntos que as afetam, conforme estabelecido no Artigo 12. Enfatize a importância das suas opiniões e como elas podem fazer a diferença.

2. Brainstorming (15 minutos): Realize uma sessão de brainstorming em grupo onde as crianças discutem e partilham ideias sobre tópicos ou problemas que gostariam de abordar na escola ou na comunidade. Anote todas as sugestões em um pôster ou folha grande de papel.

3.Seleção de temas (10 minutos): Vote nas ideias apresentadas durante o brainstorming e escolha os temas a serem abordados na atividade.

4. Desenvolvimento da Atividade (30 minutos):
- Divida as crianças em pequenos grupos, cada um responsável por discutir e apresentar uma proposta relacionada aos temas escolhidos.
- Cada grupo deverá preparar uma apresentação ou proposta para abordar o problema escolhido. Eles podem usar cartazes, esquetes, músicas ou qualquer outra forma de expressão criativa para apresentar suas ideias.

5. Apresentação (15 minutos): Convide cada grupo a apresentar a sua proposta à turma. Incentive as crianças a expressarem suas opiniões e compartilharem sugestões para resolver o problema.

6. Discussão e Reflexão (10 minutos): Realizar uma discussão em grupo sobre as diferentes propostas apresentadas. Incentive as crianças a refletirem sobre a importância de serem ouvidas e como podem contribuir para a tomada de decisões na escola e na comunidade.

Esta atividade não só permite que as crianças expressem as suas opiniões, mas também promove competências de resolução de problemas, trabalho em equipa e responsabilidade cívica, ao mesmo tempo que aumenta a sua confiança e autoestima.

Article 17

States Parties recognize the important function performed by the mass media and shall ensure that the child has access to information and material from a diversity of national and international sources, especially those aimed at the promotion of his or her social, spiritual and moral well-being and physical and mental health.

To this end, States Parties shall:
(a) Encourage the mass media to disseminate information and material of social and cultural benefit to the child and in accordance with the spirit of article 29;

(b) Encourage international co-operation in the production, exchange and dissemination of such information and material from a diversity of cultural, national and international sources;

(c) Encourage the production and dissemination of children's books;

(d) Encourage the mass media to have particular regard to the linguistic needs of the child who belongs to a minority group or who is indigenous;

(e) Encourage the development of appropriate guidelines for the protection of the child from information and material injurious to his or her well-being, bearing in mind the provisions of articles 13 and 18.

Title of the Activity: *Healthy Media Choices*

Objective: *To explore the influence of the media on children's lives and promote awareness of healthy media choices, as established in the text.*

Materials Needed:
- Paper and pencils for each child.
- Visual aids, such as images of different types of media (TV, internet, books, etc.).
- Posters or large sheets of paper for notes.

Activity Steps:
1. Introduction (10 minutes): Start by explaining to the children about the importance of media in their lives and how it can influence their choices and behaviors. Emphasize the need to make healthy choices regarding what they watch, listen to, or read.

2. Group Discussion (20 minutes): Divide the children into small groups and ask each group to discuss the different types of media they regularly consume. They should discuss the benefits and challenges of each type of media and how it affects their physical, mental, and emotional **well-being**.

3. Advertisement Analysis (20 minutes): Show the students a selection of advertisements from different media (TV, internet, magazines, etc.). Ask them to analyze the advertisements and discuss how they are designed to influence their choices and behaviors. They can take notes on the strategies used in the ads.

4. Brainstorming Healthy Choices (15 minutes): Conduct a group brainstorming session where children share

ideas about healthy media choices they can make in their daily lives. Write down all suggestions on a poster or large sheet of paper.

5. Action Plan (15 minutes): Ask the students to work together to create an action plan on how they can make healthier media choices in their lives. They should identify practical strategies they can implement.

6. Presentation and Discussion (20 minutes): Invite each group to present their action plan to the class. After each presentation, open it up for discussion and feedback from the class on the ideas presented.

This activity allows children to better understand the influence of media on their lives and empowers them to make more conscious and healthy choices regarding what they consume.

Artigo 17

Os Estados Partes reconhecem o importante papel desempenhado pelos meios de comunicação social e garantirão que as crianças tenham acesso à informação e ao material de diversas fontes nacionais e internacionais, especialmente à informação e ao material destinado a promover o seu bem-estar social, espiritual e moral e o seu bem-estar físico e mental. saúde. Para este efeito, os Estados Partes:

(a) *Incentivar os meios de comunicação social a divulgar informações e materiais de interesse social e cultural para a criança, de acordo com o espírito do artigo 29;*

(b) *Promover a cooperação internacional na produção, intercâmbio e divulgação de tais informações e materiais de diversas fontes culturais, nacionais e internacionais;*

(c) *Incentivarão a produção e divulgação de livros infantis;*

(d) *Incentivar os meios de comunicação social a terem especialmente em conta as necessidades linguísticas das crianças pertencentes a um grupo minoritário ou que sejam indígenas;*

(e) *Promover o desenvolvimento de directrizes adequadas para proteger a criança contra informações e materiais prejudiciais ao seu bem-estar, tendo em conta as disposições dos artigos 13.º e 18.º.*

Título da Atividade: Escolhas Saudáveis de Mídia

Objectivo: Explorar a influência dos meios de comunicação social na vida das crianças e promover a consciencialização sobre escolhas saudáveis de meios de comunicação, conforme indicado no texto.

Materiais necessários:
- Papel e lápis para cada criança.
- Recursos visuais, como imagens de diversos tipos de mídia (TV, internet, livros, etc.).
- Cartazes ou folhas grandes de papel para fazer anotações.

Etapas da atividade:

1. Introdução (10 minutos): Comece por explicar às crianças a importância dos meios de comunicação social nas suas vidas e como estes podem influenciar as suas escolhas e comportamentos. Enfatize a necessidade de fazer escolhas saudáveis em relação ao que assistem, ouvem ou lêem.

2. Discussão em grupo (20 minutos): Divida as crianças em pequenos grupos e peça a cada grupo para discutir os diferentes tipos de mídia que consomem regularmente. Devem discutir os benefícios e desafios de cada tipo de mídia e como isso afeta o seu bem-estar físico, mental e emocional.

3. Análise Publicitária (20 minutos): Mostrar aos alunos uma seleção de anúncios de diferentes meios de comunicação (TV, internet, revistas, etc.). Peça-lhes que analisem os anúncios e discutam como foram concebidos para influenciar as suas escolhas e comportamentos. Eles podem fazer anotações sobre as estratégias utilizadas nos anúncios.

4. Brainstorming sobre escolhas saudáveis (15 minutos): Conduza uma sessão de brainstorming em grupo onde as crianças partilham ideias sobre escolhas saudáveis de meios de comunicação que podem fazer na sua vida quotidiana. Anote todas as sugestões em um pôster ou folha grande de papel.

5. Plano de Ação (15 minutos): Peça aos alunos que trabalhem juntos para criar um plano de ação sobre como podem fazer escolhas de mídia mais saudáveis em suas vidas. Eles devem identificar estratégias práticas que possam implementar.

6. Apresentação e Discussão (20 minutos): Convide cada grupo a apresentar o seu plano de ação à turma. Após cada apresentação, abra a discussão para receber comentários e feedback da turma sobre as ideias apresentadas.

Esta atividade permite que as crianças compreendam melhor a influência dos meios de comunicação nas suas vidas e lhes permite tomar decisões mais conscientes e saudáveis relativamente ao que consomem.

Article 24

1. States Parties recognize the right of the child to the enjoyment of the highest attainable standard of health and to facilities for the treatment of illness and rehabilitation of health. States Parties shall strive to ensure that no child is deprived of his or her right of access to such health care services.

2. States Parties shall pursue full implementation of this right and, in particular, shall take appropriate measures:
(a) To diminish infant and child mortality;

(b) To ensure the provision of necessary medical assistance and health care to all children with emphasis on the development of primary health care;

(c) To combat disease and malnutrition, including within the framework of primary healthcare, through, inter alia, the application of readily available technology and through the provision of adequate nutritious foods and clean drinking-water, taking into consideration the dangers and risks of environmental pollution;

(d) To ensure appropriate pre-natal and post-natal health care for mothers;

(e) *To ensure that all segments of society, in particular parents and children, are informed, have access to education and are supported in the use of basic knowledge of child health and nutrition, the advantages of breastfeeding, hygiene and environmental sanitation and the prevention of accidents;*

(f) *To develop preventive health care, guidance for parents and family planning education and services.*

3. *States Parties shall take all effective and appropriate measures with a view to abolishing traditional practices prejudicial to the health of children.*

4. *States Parties undertake to promote and encourage international co-operation with a view to achieving progressively the full realization of the right recognized in the present article. In this regard, particular account shall be taken of the needs of developing countries.*

Title of the Activity: Taking Care of Our Health

Objective: To raise awareness about the importance of health care and access to health services, as established in the text.

Materials Needed:
- Cardboards or paper for posters.
- Colored pens, crayons.
- Visual resources about healthy habits and health services.

Activity Steps:
1. Introduction (10 minutes): Start the lesson by explaining to the children the importance of taking care of health and the right of all children to access health services. Discuss what it means to have good health and what basic care we should take.

2. Group Discussion (15 minutes): Divide the class into small groups and ask them to discuss healthy habits, such as balanced diet, physical exercises, personal hygiene, and the importance of regular medical check-ups.

3. Healthy Habits Posters (20 minutes): Each group will create a poster representing a healthy habit, such as brushing teeth, exercising, eating fruits and vegetables, among others. They can use drawings, keywords, and colors to highlight the importance of these habits.

4. Poster Presentation (15 minutes): Each group will present their poster to the class, explaining the healthy habit they chose and why it is important. Other students can ask questions and comment on the presented posters.

5. Discussion on Access to Health (15 minutes): Lead a class discussion on access to health services. Ask the children if they know where to find medical help when needed and if they have ever visited a doctor or dentist. Explain the importance of regularly consulting a health professional.

6. Personal Commitment (10 minutes): End the lesson by asking the children to make a personal commitment to adopt at least one healthy habit discussed during the activity and to remind their parents or guardians about the

importance of regular medical check-ups.

This activity not only educates children about healthy habits and access to health services but also empowers them to make informed decisions about their own health.

Artigo 24

1.Os Estados Partes reconhecem o direito da criança ao gozo do mais elevado nível de saúde possível e a serviços para o tratamento de doenças e reabilitação da saúde. Os Estados Partes esforçar-se-ão por garantir que nenhuma criança seja privada do seu direito de usufruir destes serviços de saúde.

2. Os Estados Partes assegurarão a plena aplicação deste direito e, em particular, tomarão medidas adequadas para:
(a) Reduzir a mortalidade infantil;

(b) Garantir a prestação de assistência médica e cuidados de saúde necessários a todas as crianças, com ênfase no desenvolvimento de cuidados de saúde primários;

(c) Combater as doenças e a desnutrição no âmbito dos cuidados de saúde primários, através, inter alia, da aplicação da tecnologia disponível e do fornecimento de alimentos nutritivos adequados e de água potável, tendo em conta os perigos e riscos da poluição ambiental;

(d) Garantir cuidados de saúde pré-natais e pós-natais adequados para as mães;

(e) Garantir que todos os sectores da sociedade, e em particular os pais e as crianças, estejam conscientes dos princípios básicos da saúde e nutrição das crianças, dos benefícios da amamentação, da higiene e do saneamento ambiental, e das medidas de prevenção de acidentes, tenham acesso à educação relevante e receber apoio na aplicação desse conhecimento;

(f) Desenvolver cuidados de saúde preventivos, orientação aos pais e educação e serviços de planeamento familiar.

3. Os Estados Partes tomarão todas as medidas eficazes e adequadas possíveis para abolir as práticas tradicionais que sejam prejudiciais à saúde das crianças.

4. Os Estados Partes comprometem-se a promover e encorajar a cooperação internacional com vista a alcançar progressivamente a plena realização do direito reconhecido neste artigo. A este respeito, as necessidades dos países em desenvolvimento serão plenamente tidas em conta.

Título da Atividade: Cuidando da Nossa Saúde

Objetivo: Conscientizar sobre a importância dos cuidados de saúde e do acesso aos serviços de saúde, conforme estabelecido no texto.

Materiais necessários:
- Cartão ou papel para cartazes.
- Canetas coloridas, giz de cera.
- Recursos visuais sobre hábitos saudáveis e serviços de saúde.

Etapas da atividade:

1. Introdução (10 minutos): Comece a aula explicando às crianças a importância de cuidar da sua saúde e o direito de todas as crianças ao acesso aos serviços de saúde. Discuta o que significa ter boa saúde e quais cuidados básicos devemos tomar.

2. Discussão em grupo (15 minutos): Divida a turma em pequenos grupos e peça-lhes que discutam hábitos saudáveis, como alimentação equilibrada, exercícios físicos, higiene pessoal e a importância de exames médicos regulares.

3. Cartazes de Hábitos Saudáveis (20 minutos): Cada grupo criará um cartaz que represente um hábito saudável, como escovar os dentes, fazer exercício, comer frutas e vegetais, entre outros. Eles podem usar imagens, palavras-chave e cores para destacar a importância desses hábitos.

4. Apresentação do pôster (15 minutos): Cada grupo apresentará seu pôster para a turma, explicando o hábito saudável que escolheram e por que ele é importante. Outros alunos poderão tirar dúvidas e fazer comentários sobre os pôsteres apresentados.

5. Discussão sobre Acesso à Saúde (15 minutos): Conduza uma discussão em classe sobre o acesso aos serviços de saúde. Pergunte às crianças se elas sabem onde encontrar ajuda médica quando precisam e se já consultaram um médico ou dentista. Explique a importância de consultar regularmente um profissional de saúde.

6. Compromisso Pessoal (10 minutos): Termine a aula pedindo às crianças que assumam o compromisso pessoal de adotar pelo menos um hábito saudável discutido durante a atividade e lembrem seus pais ou responsáveis sobre a importância de exames regulares de saúde.

Esta actividade não só educa as crianças sobre hábitos saudáveis e acesso aos serviços de saúde, mas também capacita-as a tomar decisões informadas sobre a sua própria saúde.

Article 30

In those States in which ethnic, religious or linguistic minorities or persons of indigenous origin exist, a child belonging to such a minority or who is indigenous shall not be denied the right, in community with other members of his or her group, to enjoy his or her own culture, to profess and practise his or her own religion, or to use his or her own language.

Title of the Activity: *Celebrating Our Cultural Differences*

Objective: *To promote understanding and respect for cultural diversity, emphasizing the rights of children belonging to ethnic, religious, linguistic, or indigenous minorities, as established in Article 30.*

Materials Needed:
- Copies of the text of Article 30 in the desired language.
- Paper and pencils for each child.
- Optional visual aids, such as representative images of different cultures.

Activity Steps:

1. Introduction (10 minutes): Begin by explaining to the children what ethnic, religious, linguistic, and indigenous minorities are, using simple and relevant examples. Then, read the text of Article 30 aloud and discuss its meaning in accessible language.

2. Group Discussion (15 minutes): Divide the children into small groups and ask each group to discuss what the text means to them. Encourage them to share examples of different cultures they know and how these cultures are preserved and respected. Circulate among the groups to provide guidance and clarification as needed.

3. Presentation (15 minutes): Invite each group to share their reflections with the class as a whole. Encourage the children to express their opinions and to respect the opinions of others.

4. Creative Activity (20 minutes): Ask the children to draw or write about a cultural tradition that they value or practice in their own families or communities. This can include food, music, dance, clothing, festivals, and more. They can share their creations with the class if they wish.

5. Conclusion (10 minutes): Conclude the activity by highlighting the importance of respecting and celebrating cultural differences. Reinforce that all children have the right to enjoy their own culture, religion, and language, as stipulated in Article 30.

This activity provides children with the opportunity to learn about cultural di-versity, promote mutual respect, and celebrate their own cultural identities while recognizing and valuing the cultures of others.

Artículo 30

Nos Estados onde existam minorias étnicas, religiosas ou linguísticas ou pessoas de origem indígena, não será negado à criança que pertença a essas minorias ou que seja indígena o direito a que tem direito, em comum com os outros membros do seu grupo, ter a sua própria vida cultural, professar e praticar a sua própria religião ou usar a sua própria língua.

Título da Atividade: *Celebrando Nossas Diferenças Culturais*

Objetivo: *Promover a compreensão e o respeito pela diversidade cultural, enfatizando os direitos das crianças pertencentes a minorias étnicas, religiosas, linguísticas ou indígenas, conforme estabelecido no artigo 30.*

Materiais necessários:
- Cópias do texto do Artigo 30 no idioma desejado.
- Papel e lápis para cada criança.
- Recursos visuais opcionais, como imagens representativas de diferentes culturas.

Etapas da atividade:
1. Introdução (10 minutos): Comece por explicar às crianças o que são as minorias étnicas, religiosas, linguísticas e indígenas, utilizando exemplos simples e relevantes. Em seguida, leia em voz alta o texto do Artigo 30 e discuta o seu significado em linguagem acessível.

2. Discussão em grupo (15 minutos): Divida as crianças em pequenos grupos e peça a cada grupo que discuta o que o texto significa para elas. Incentive-os a partilhar exemplos de diferentes culturas que conhecem e como essas culturas são preservadas e respeitadas. Circule entre os grupos para fornecer orientações e esclarecimentos conforme necessário.

3. Apresentação (15 minutos): Convide cada grupo a partilhar as suas reflexões com toda a turma. Incentive as crianças a expressarem suas opiniões e respeitarem as opiniões dos outros.

4. Atividade Criativa (20 minutos): Peça às crianças para desenharem ou escreverem sobre uma tradição cultural que valorizam ou praticam nas suas próprias famílias ou comunidades. Isso pode incluir comida, música, dança, roupas, festivais e muito mais. Eles podem compartilhar suas criações com a turma, se desejarem.

5. Conclusão (10 minutos): Conclua a atividade destacando a importância de respeitar e celebrar as diferenças culturais. Reforça que todas as crianças têm o direito de desfrutar da sua própria cultura, religião e língua, conforme estipulado no Artigo 30°.

Esta atividade proporciona às crianças a oportunidade de aprender sobre a diversidade cultural, promover o respeito mútuo e celebrar as suas próprias identidades culturais, ao mesmo tempo que reconhecem e valorizam as culturas dos outros.

Article 31

1. States Parties recognize the right of the child to rest and leisure, to engage in play and recreational activities appropriate to the age of the child and to participate freely in cultural life and the arts.
2. States Parties shall respect and promote the right of the child to participate fully in cultural and artistic life and shall encourage the provision of appropriate and equal opportunities for cultural, artistic, recreational and leisure activity.

Title of the Activity: *Exploring Art and Culture*

Objective: *Allow children to explore their creativity, artistic expression, and culture, in accordance with the right established in the translated text.*

Materials Needed:
- Art supplies such as colored pencils, crayons, paints, paper, clay, etc.
- Musical instruments (optional).
- Visual resources such as images of artworks, traditional costumes from different cultures, etc.

Activity Steps:

1. Introduction (10 minutes): *Begin by explaining to the children about their right to fully participate in cultural and artistic life, as established in the text. Discuss the importance of art and culture in people's lives.*

2. Cultural Exploration (15 minutes): *Show children images of traditional costumes from different cultures, music from different styles, and artworks from different periods. Encourage them to ask questions and share what they know about these cultures.*

3. Artistic Expression (30 minutes): *Allow children to choose a form of artistic expression that interests them the most, such as drawing, painting, sculpting, dancing, music, etc. Provide the necessary materials and give them time to create their own artworks.*

4. Presentation (15 minutes): *Invite children to share their creations with the class. They can explain what they have created, what inspired their artwork, and what they learned during the creative process.*

5. Discussion (15 minutes): *Lead a group discussion about the different forms of artistic and cultural expression presented. Ask children what they learned about different cultures and how they felt while creating their own artworks.*

6. Reflection and Conclusion (10 minutes): *End the activity by asking children to reflect on the importance of art and culture in their lives and how they can continue to explore these areas in the future.*

This activity not only allows children to explore their creativity and artistic expression but also encourages them to appreciate and respect different cultures around them.

Artigo 31

1. Os Estados Partes reconhecem o direito da criança ao descanso e ao lazer, às brincadeiras e às atividades recreativas adequadas à sua idade e à livre participação na vida cultural e nas artes.

2. Os Estados Partes respeitarão e promoverão o direito da criança de participar plenamente na vida cultural e artística e proporcionarão oportunidades adequadas, em condições de igualdade, para participar na vida cultural, artística, recreativa e de lazer.

Título da Atividade: *Explorando Arte e Cultura*

Objetivo: *Permitir que as crianças explorem a sua criatividade, expressão artística e cultura, de acordo com o direito estabelecido no texto traduzido.*

Materiais necessários:
Materiais de arte como lápis de cor, giz de cera, tintas, papel, argila, etc.
- Instrumentos musicais (opcional).
- Recursos visuais como imagens de obras de arte, trajes tradicionais de diferentes culturas, etc.

Etapas da atividade:

1. Introdução (10 minutos): Comece explicando às crianças o seu direito de participar plenamente na vida cultural e artística, conforme estabelecido no texto. Discuta a importância da arte e da cultura na vida das pessoas.

2. Discussão em grupo (15 minutos): Mostre às crianças imagens de trajes tradicionais de diferentes culturas, músicas de diferentes estilos e obras de arte de diferentes períodos. Incentive-os a fazer perguntas e a partilhar o que sabem sobre estas culturas.

3. Expressão Artística (30 minutos): Permitir que as crianças escolham uma forma de expressão artística que mais lhes interesse, como desenho, pintura, escultura, dança, música, etc. Forneça os materiais necessários e dê-lhes tempo para criarem suas próprias obras de arte.

4. Apresentação (15 minutos): Convide as crianças a partilharem as suas criações com a turma. Eles podem explicar o que criaram, o que inspirou seu trabalho artístico e o que aprenderam durante o processo criativo.

5. Discussão (15 minutos): Conduza uma discussão em grupo sobre as diferentes formas de expressão artística e cultural apresentadas. Pergunte às crianças o que aprenderam sobre diferentes culturas e como se sentiram ao criar as suas próprias obras de arte.

6. Reflexão e Conclusão (10 minutos): Termine a atividade pedindo às crianças que reflitam sobre a importância da arte e da cultura nas suas vidas e como podem continuar a explorar estas áreas no futuro.

Esta atividade não só permite que as crianças explorem a sua criatividade e expressão artística, mas também as incentiva a apreciar e respeitar as diferentes culturas que as rodeiam.

ALL ARTICLES

TODOS OS ARTIGOS

The International Convention on the Rights of the Child is a treaty signed on November 20, 1989, and entered into force on September 2, 1990.

A Convenção Internacional sobre os Direitos da Criança é um tratado assinado em 20 de novembro de 1989 e entrou em vigor em 2 de setembro de 1990.

ARTICLES / ARTIGOS

ARTICLE 1

For the purposes of the present Convention, a child means every human being below the age of eighteen years unless under the law applicable to the child, majority is attained earlier.

ARTIGO 1

Para efeito da presente Convenção, considera-se como criança todo ser humano com men os de 18 anos de idade, salvo quando, em conformidade com a lei aplicável à criança, a maioridade seja alcançada antes.

ARTICLE 2

1. States Parties shall respect and ensure the rights set forth in the present Convention to each child within their jurisdiction without discrimination of any kind, irrespective of the child's or his or her parent's or legal guardian's race, colour, sex, language, religion, political or other opinion, national, ethnic or social origin, property, disability, birth or other status.

2. States Parties shall take all appropriate measures to ensure that the child is protected against all forms of discrimination or punishment on the basis of the status, activities, expressed opinions, or beliefs of the child's parents, legal guardians, or family members.

ARTIGO 2

Os Estados Partes devem respeitar os direitos enunciados na presente Convenção e assegurarão sua aplicação a cada criança em sua jurisdição, sem nenhum tipo de discriminação, independentemente de raça, cor, sexo, idioma, religião, opinião política ou de outra natureza, origem nacional, étnica ou social, posição econômica, deficiência física, nascimento ou qualquer outra condição da criança, de seus pais ou de seus representantes legais.

2. Os Estados Partes devem adotar todas as medidas apropriadas para assegurar que a criança seja protegida contra todas as formas de discriminação ou punição em função da condição, das atividades, das opiniões manifestadas ou das crenças de seus pais, representantes legais ou familiares.

ARTICLE 3

1. In all actions concerning children, whether undertaken by public or private social welfare institutions, courts of law, administrative authorities or legislative bodies, the best interests of the child shall be a primary consideration.

2. States Parties undertake to ensure the child such protection and care as is necessary for his or her well-being, taking into account the rights and duties of his or her parents, legal guardians, or other individuals legally responsible for him or her, and, to this end, shall take all appropriate legislative and administrative measures.

3. States Parties shall ensure that the institutions, services and facilities responsible for the care or protection of children shall conform with the standards established by competent authorities, particularly in the areas of safety, health, in the number and suitability of their staff, as well as competent supervision.

ARTIGO 3

1. Todas as ações relativas à criança, sejam elas levadas a efeito por instituições públicas ou privadas de assistência social, tribunais, autoridades administrativas ou órgãos legislativos, devem considerar primordialmente o melhor interesse da criança.

2. Os Estados Partes comprometem-se a assegurar à criança a proteção e o cuidado que sejam necessários ao seu bem-estar, levando em consideração os direitos e deveres de seus pais, tutores legais ou outras pessoas legalmente responsáveis por ela e, com essa finalidade, tomarão todas as medidas legislativas e administrativas adequadas.

3. Os Estados Partes devem garantir que as instituições, as instalações e os serviços destinados aos cuidados ou à proteção da criança estejam em conformidade com os padrões estabelecidos pelas autoridades competentes, especialmente no que diz respeito à segurança e à saúde da criança, ao número e à adequação das equipes e à existência de supervisão adequada.

ARTICLE 4
States Parties shall undertake all appropriate legislative, administrative, and other measures for the implementation of the rights recognized in the present Convention. With regard to economic, social and cultural rights, States Parties shall undertake such measures to the maximum extent of their available resources and, where needed, within the framework of international cooperation.

ARTIGO 4
Os Estados Partes devem adotar todas as medidas administrativas, legislativas e de outra natureza necessárias para a implementação dos direitos reconhecidos na presente Convenção. Com relação a direitos econômicos, sociais e culturais, os Estados Partes devem adotar tais medidas utilizando ao máximo os recursos disponíveis e, quando necessário, dentro de um quadro de cooperação internacional.

ARTICLE 5
States Parties shall respect the responsibilities, rights and duties of parents or, where applicable, the members of the extended family or community as provided for by local custom, legal guardians or other persons legally responsible for the child, to provide, in a manner consistent with the evolving capacities of the child, appropriate direction and guidance in the exercise by the child of the rights recognized in the present Convention.

ARTIGO 5
Os Estados Partes devem respeitar as responsabilidades, os direitos e os deveres dos pais ou, quando aplicável, dos membros da família ampliada ou da comunidade, conforme determinem os costumes locais, dos tutores legais ou de outras pessoas legalmente responsáveis pela criança, para proporcionar-lhe instrução e orientação adequadas, de acordo com sua capacidade em evolução, no exercício dos direitos que lhe cabem pela presente Convenção.

ARTICLE 6
1. States Parties recognize that every child has the inherent right to life.

2. States Parties shall ensure to the maximum extent possible the survival and development of the child.

ARTIGO 6
1. Os Estados Partes reconhecem que toda criança tem o direito inerente à vida.
2. Os Estados Partes devem assegurar ao máximo a sobrevivência e o desenvolvimento da criança.

ARTICLE 7
1. The child shall be registered immediately after birth and shall have the right from birth to a name, the right to acquire a nationality and. as far as possible, the right to know and be cared for by his or her parents.

2. States Parties shall ensure the implementation of these rights in accordance with their national law and their obligations under the relevant international instruments in this field, in particular where the child would otherwise be stateless.

ARTIGO 7
1. A criança deve ser registrada imediatamente após seu nascimento e, desde o momento do nascimento, terá direito a um nome, a uma nacionalidade e, na medida do possível, a conhecer seus pais e ser cuidada por eles.

2. Os Estados Partes devem garantir o cumprimento desses direitos, de acordo com a legislação nacional e com as obrigações que tenham assumido em virtude dos instrumentos internacionais pertinentes, especialmente no caso de crianças apátridas.

ARTICLE 8

1. States Parties undertake to respect the right of the child to preserve his or her identity, including nationality, name and family relations as recognized by law without unlawful interference.

2. Where a child is illegally deprived of some or all of the elements of his or her identity, States Parties shall provide appropriate assistance and protection, with a view to re-establishing speedily his or her identity.

ARTIGO 8

1.Os Estados Partes comprometem-se a respeitar o direito da criança de preservar sua identidade, inclusive a nacionalidade, o nome e as relações familiares, de acordo com a lei, sem interferência ilícitas.

2. Quando uma criança for privada ilegalmente de algum ou de todos os elementos que configuram sua identidade, os Estados Partes deverão prestar a assistência e a proteção adequadas, visando restabelecer rapidamente sua identidade.

ARTICLE 9

1. States Parties shall ensure that a child shall not be separated from his or her parents against their will, except when competent authorities subject to judicial review determine, in accordance with applicable law and procedures, that such separation is necessary for the best interests of the child. Such determination may be necessary in a particular case such as one involving abuse or neglect of the child by the parents, or one where the parents are living separately and a decision must be made as to the child's place of residence.

2. In any proceedings pursuant to paragraph 1 of the present article, all interested parties shall be given an opportunity to participate in the proceedings and make their views known.

3. States Parties shall respect the right of the child who is separated from one or both parents to maintain personal relations and direct contact with both parents on a regular basis, except if it is contrary to the child's best interests.

4. Where such separation results from any action initiated by a State Party, such as the detention, imprisonment, exile, deportation or death (including death arising from any cause while the person is in the custody of the State) of one or both parents or of the child, that State Party shall, upon request, provide the parents, the child or, if appropriate, another member of the family with the essential information concerning the whereabouts of the absent member(s) of the family unless the provision of the information would be detrimental to the well-being of the child. States Parties shall further ensure that the submission of such a request shall of itself entail no adverse consequences for the person(s) concerned.

ARTIGO 9

1. Os Estados Partes devem garantir que a criança não seja separada dos pais contra a vontade dos mesmos, salvo quando tal separação seja necessária tendo em vista o melhor interesse da criança, e mediante determinação das autoridades competentes, sujeita a revisão judicial, e em conformidade com a lei e os procedimentos legais cabíveis. Tal determinação pode ser necessária em casos específicos - por exemplo, quando a criança sofre maus-tratos ou negligência por parte dos pais, ou, no caso de separação dos pais, quando uma decisão deve ser tomada com relação ao local de residência da criança.

2. Em qualquer procedimento em cumprimento ao estipulado no parágrafo 1 deste artigo, todas as partes interessadas devem ter a oportunidade de participar e de manifestar suas opiniões.

3. Os Estados Partes devem respeitar o direito da criança que foi separada de um ou de ambos os pais a manter regularmente relações pessoais e contato direto com ambos, salvo nos casos em que isso for contrário ao melhor interesse da criança.

4. Quando essa separação ocorrer em virtude de uma medida adotada por um Estado Parte - por exemplo, detenção, prisão, exílio, deportação ou morte (inclusive falecimento decorrente de qualquer causa enquanto a pessoa estiver sob custódia do Estado) de um dos pais da criança, ou de ambos, ou da própria criança, o Estado Parte deverá apresentar, mediante solicitação, aos pais, à

CONVENÇÃO INTERNACIONAL DAS NAÇÕES UNIDAS SOBRE OS DIREITOS DA CRIANÇA
20 DE NOVEMBRO DE 1989

criança ou, se for o caso, a outro familiar as informações necessárias a respeito do paradeiro do familiar ou dos familiares ausentes, salvo quando tal informação for prejudicial ao bem-estar da criança. Os Estados Partes devem assegurar também que tal solicitação não acarrete, por si só, consequências adversas para a pessoa ou as pessoas interessadas.

ARTICLE 10

1. In accordance with the obligation of States Parties under article 9, paragraph 1, applications by a child or his or her parents to enter or leave a State Party for the purpose of family reunification shall be dealt with by States Parties in a positive, humane and expeditious manner. States Parties shall further ensure that the submission of such a request shall entail no adverse consequences for the applicants and for the members of their family.

2. A child whose parents reside in different States shall have the right to maintain on a regular basis, save in exceptional circumstances personal relations and direct contacts with both parents. Towards that end and in accordance with the obligation of States Parties under article 9, paragraph 1, States Parties shall respect the right of the child and his or her parents to leave any country, including their own, and to enter their own country. The right to leave any country shall be subject only to such restrictions as are prescribed by law and which are necessary to protect the national security, public order (ordre public), public health or morals or the rights and freedoms of others and are consistent with the other rights recognized in the present Convention.

ARTIGO 10

1. De acordo com obrigação dos Estados Partes estipulada no parágrafo 1 do artigo 9, toda solicitação apresentada por uma criança ou por seus pais para ingressar em um Estado Parte ou sair dele, visando à reintegração da família, deverá ser atendida pelos Estados Partes de forma positiva, humanitária e ágil. Os Estados Partes devem assegurar também que a apresentação de tal solicitação não acarrete consequências adversas para os requerentes ou seus familiares.

2. A criança cujos pais residem em Estados diferentes deverá ter o direito de manter periodicamente relações pessoais e contato direto com ambos, salvo em circunstâncias especiais. Para tanto, e de acordo com a obrigação assumida em virtude do parágrafo 1 do artigo 9, os Estados Partes devem respeitar o direito da criança e de seus pais de sair do país, inclusive do próprio, e de ingressar em seu próprio país. O direito de sair de qualquer país estará sujeito exclusivamente às restrições determinadas por lei que sejam necessárias para proteger a segurança nacional, a ordem pública, a saúde pública ou os costumes, ou os direitos e as liberdades de outras pessoas, e que estejam de acordo com os demais direitos reconhecidos pela presente Convenção.

ARTICLE 11

1. States Parties shall take measures to combat the illicit transfer and non-return of children abroad.

2. To this end, States Parties shall promote the conclusion of bilateral or multilateral agreements or accession to existing agreements.

ARTIGO 11

1. Os Estados Partes devem adotar medidas para combater a transferência ilegal de crianças para o exterior e a retenção ilícita das mesmas fora de seu país.

2. Para tanto, os Estados Partes devem promover a conclusão de acordos bilaterais ou multilaterais ou a adesão a acordos já existentes.

ARTICLE 12

1. States Parties shall assure to the child who is capable of forming his or her own views the right to express those views freely in all matters affecting the child, the views of the child being given due weight in accordance with the age and maturity of the child.

2. For this purpose, the child shall in particular be provided the opportunity to be heard in any judicial and administrative proceedings affecting the child, either directly, or through a representative or an appropriate body, in a manner consistent with the procedural rules of national law.

UNITED NATIONS INTERNATIONAL CONVENTION ON THE RIGHTS OF THE CHILD
NOVEMBER 20, 1989

ARTIGO 12

1. Os Estados Partes devem assegurar à criança que é capaz de formular seus próprios pontos de vista o direito de expressar suas opiniões livremente sobre todos os assuntos relacionados a ela, e tais opiniões devem ser consideradas, em função da idade e da maturidade da criança.

2. Para tanto, a criança deve ter a oportunidade de ser ouvida em todos os processos judiciais ou administrativos que a afetem, seja diretamente, seja por intermédio de um representante ou de um órgão apropriado, em conformidade com as regras processuais da legislação nacional.

ARTICLE 13

1. The child shall have the right to freedom of expression; this right shall include freedom to seek, receive and impart information and ideas of all kinds, regardless of frontiers, either orally, in writing or in print, in the form of art, or through any other media of the child's choice.

2. The exercise of this right may be subject to certain restrictions, but these shall only be such as are provided by law and are necessary:

(a) For respect of the rights or reputations of others; or

(b) For the protection of national security or of public order (ordre public), or of public health or morals.

ARTIGO 13

1.A criança deve ter o direito de expressar-se livremente. Esse direito deve incluir a liberdade de procurar, receber e divulgar informações e ideias de todo tipo, independentemente de fronteiras, seja verbalmente, por escrito ou por meio impresso, por meio das artes ou por qualquer outro meio escolhido pela criança.

2. O exercício de tal direito poderá estar sujeito a certas restrições, que serão unicamente aquelas previstas em lei e consideradas necessárias:

(a) Para o respeito dos direitos ou da reputação de outras pessoas; ou

(b) Para a proteção da segurança nacional ou da ordem pública, ou para proteger a saúde pública e os costumes.

ARTICLE 14

1. States Parties shall respect the right of the child to freedom of thought, conscience and religion.

2. States Parties shall respect the rights and duties of the parents and, when applicable, legal guardians, to provide direction to the child in the exercise of his or her right in a manner consistent with the evolving capacities of the child.

3. Freedom to manifest one's religion or beliefs may be subject only to such limitations as are prescribed by law and are necessary to protect public safety, order, health or morals, or the fundamental rights and freedoms of others.

ARTIGO 14

1. Os Estados Partes devem reconhecer os direitos da criança à liberdade de pensamento, de consciência e de crença religiosa.

2. Os Estados Partes devem respeitar o direito e os deveres dos pais e, quando aplicável, dos tutores legais de orientar a criança com relação ao exercício de seus direitos, de maneira compatível com sua capacidade em desenvolvimento.

3. A liberdade de professar a própria religião ou as próprias crenças pode esta sujeita unicamente às limitações prescritas em lei e necessárias para proteger o interesse público em relação à segurança, à ordem, aos costumes ou à saúde, ou ainda aos direitos e liberdades fundamentais de outras pessoas.

ARTICLE 15

1. States Parties recognize the rights of the child to freedom of association and to freedom of peaceful assembly.

2. No restrictions may be placed on the exercise of these rights other than those imposed in conformity with the law and which are necessary in a democratic society in the interests of national security or public safety, public order (ordre public), the protection of public health or morals or the protection of the rights and freedoms of others.

ARTIGO 15

1. Os Estados Partes reconhecem os direitos da criança à liberdade de associação e à liberdade de realizar reuniões pacíficas.

2. Não serão impostas restrições ao exercício desses direitos, a não ser aquelas estabelecidas em conformidade com a lei e que sejam necessárias em uma sociedade democrática, no interesse da segurança nacional ou pública, da ordem pública, da proteção à saúde pública e dos costumes, ou da proteção dos direitos e liberdades de outras pessoas.

ARTICLE 16

1. No child shall be subjected to arbitrary or unlawful interference with his or her privacy, family, home or correspondence, nor to unlawful attacks on his or her honour and reputation.

2. The child has the right to the protection of the law against such interference or attacks.

ARTIGO 16

1. Nenhuma criança deve ser submetida a interferências arbitrárias ou ilegais em sua vida particular, sua família, seu domicílio ou sua correspondência, nem a ataques ilegais à sua honra e à sua reputação.

2. A criança tem direito à proteção da lei contra essas interferências ou ataques.

ARTICLE 17

States Parties recognize the important function performed by the mass media and shall ensure that the child has access to information and material from a diversity of national and international sources, especially those aimed at the promotion of his or her social, spiritual and moral well-being and physical and mental health.
To this end, States Parties shall:

(a) Encourage the mass media to disseminate information and material of social and cultural benefit to the child and in accordance with the spirit of article 29;

(b) Encourage international co-operation in the production, exchange and dissemination of such information and material from a diversity of cultural, national and international sources;

(c) Encourage the production and dissemination of children's books;

(d) Encourage the mass media to have particular regard to the linguistic needs of the child who belongs to a minority group or who is indigenous;

(e) Encourage the development of appropriate guidelines for the protection of the child from information and material injurious to his or her well-being, bearing in mind the provisions of articles 13 and 18.

ARTIGO 17

Os Estados Partes reconhecem a função importante desempenhada pelos meios de comunicação, e devem garantir o acesso da criança a informações e materiais procedentes de diversas fontes nacionais e internacionais, especialmente aqueles que visam à promoção de seu bem-estar social, espiritual e moral e de sua saúde física e mental. Para tanto, os Estados Partes devem:

(a) Incentivar os meios de comunicação a difundir informações e materiais de interesse social e cultural para a criança, de acordo com o disposto no artigo 29;

(b) Promover a cooperação internacional na produção, no intercâmbio e na divulgação dessas informações procedentes de diversas fontes culturais, nacionais e internacionais;

(c) Incentivar a produção e a difusão de livros para crianças;

(d) Incentivar os meios de comunicação no sentido de dar especial atenção às necessidades linguísticas da criança que pertença a um grupo minoritário ou indígena;

(e) Incentivar a elaboração de diretrizes apropriadas à proteção da criança contra informações e materiais prejudiciais ao seu bem-estar, tendo em vista o disposto nos artigos 13 e 18.

ARTICLE 18

1. States Parties shall use their best efforts to ensure recognition of the principle that both parents have common responsibilities for the upbringing and development of the child. Parents or, as the case may be, legal guardians, have the primary responsibility for the upbringing and development of the child. The best interests of the child will be their basic concern.

2. For the purpose of guaranteeing and promoting the rights set forth in the present Convention, States Parties shall render appropriate assistance to parents and legal guardians in the performance of their child-rearing responsibilities and shall ensure the development of institutions, facilities and services for the care of children.

3. States Parties shall take all appropriate measures to ensure that children of working parents have the right to benefit from child-care services and facilities for which they are eligible.

ARTIGO 18

1. Os Estados Partes devem envidar seus melhores esforços para assegurar o reconhecimento do princípio de que ambos os pais têm obrigações comuns com relação à educação e ao desenvolvimento da criança. Os pais ou, quando for o caso, os tutores legais serão os responsáveis primordiais pela educação e pelo desenvolvimento da criança. Sua preocupação básica será a garantia do melhor interesse da criança.

2. Para garantir e promover os direitos enunciados na presente Convenção, os Estados Partes devem prestar assistência adequada aos pais e aos tutores legais no desempenho de suas funções na educação da criança e devem assegurar a criação de instituições, instalações e serviços para o cuidado da criança.

3. Os Estados Partes devem adotar todas as medidas apropriadas para garantir aos filhos de pais que trabalham acesso aos serviços e às instalações de atendimento a que têm direito.

ARTICLE 19

1. States Parties shall take all appropriate legislative, administrative, social and educational measures to protect the child from all forms of physical or mental violence, injury or abuse, neglect or negligent treatment, maltreatment or exploitation, including sexual abuse, while in the care of parent(s), legal guardian(s) or any other person who has the care of the child.

2. Such protective measures should, as appropriate, include effective procedures for the establishment of social programmes to provide necessary support for the child and for those who have the care of the child, as well as for other forms of prevention and for identification, reporting, referral, investigation, treatment and follow-up of instances of child maltreatment described heretofore, and, as appropriate, for judicial involvement.

ARTIGO 19

1. Os Estados Partes devem adotar todas as medidas legislativas, administrativas, sociais e educacionais apropriadas para proteger a criança contra todas as formas de violência física ou mental, ofensas ou abusos, negligência ou tratamento displicente,

maus-tratos ou exploração, inclusive abuso sexual, enquanto a criança estiver sob a custódia dos pais, do tutor legal ou de qualquer outra pessoa responsável por ela.

2. Essas medidas de proteção devem incluir, quando cabível, procedimentos eficazes para a elaboração de programas sociais visando ao provimento do apoio necessário para a criança e as pessoas responsáveis por ela, bem como para outras formas de prevenção, e para identificação, notificação, transferência para uma instituição, investigação, tratamento e acompanhamento posterior dos casos de maus-tratos mencionados acima e, quando cabível, para intervenção judiciária.

ARTICLE 20

1. A child temporarily or permanently deprived of his or her family environment, or in whose own best interests cannot be allowed to remain in that environment, shall be entitled to special protection and assistance provided by the State.

2. States Parties shall in accordance with their national laws ensure alternative care for such a child.

3. Such care could include, inter alia, foster placement, kafalah of Islamic law, adoption or if necessary placement in suitable institutions for the care of children. When considering solutions, due regard shall be paid to the desirability of continuity in a child's upbringing and to the child's ethnic, religious, cultural and linguistic background.

ARTIGO 20

1. Crianças temporária ou permanentemente privadas do convívio familiar ou que, em seu próprio interesse, não devem permanecer no ambiente familiar terão direito a proteção e assistência especiais do Estado.

2. Os Estados Partes devem garantir cuidados alternativos para essas crianças, de acordo com suas leis nacionais.

3. Esses cuidados podem incluir, inter alia, a colocação em orfanatos, a kafalah do direito islâmico, a adoção ou, caso necessário, a colocação em instituições adequadas de proteção da criança. Ao serem consideradas as soluções, especial atenção deve ser dada à origem étnica, religiosa, cultural e linguística da criança, bem como à conveniência da continuidade de sua educação.

ARTICLE 21

States Parties that recognize and/or permit the system of adoption shall ensure that the best interests of the child shall be the paramount consideration and they shall:
(a) Ensure that the adoption of a child is authorized only by competent authorities who determine, in accordance with applicable law and procedures and on the basis of all pertinent and reliable information, that the adoption is permissible in view of the child's status concerning parents, relatives and legal guardians and that, if required, the persons concerned have given their informed consent to the adoption on the basis of such counselling as may be necessary;

(b) Recognize that inter-country adoption may be considered as an alternative means of child's care, if the child cannot be placed in a foster or an adoptive family or cannot in any suitable manner be cared for in the child's country of origin;

(c) Ensure that the child concerned by inter-country adoption enjoys safeguards and standards equivalent to those existing in the case of national adoption;

(d) Take all appropriate measures to ensure that, in inter-country adoption, the placement does not result in improper financial gain for those involved in it;

(e) Promote, where appropriate, the objectives of the present article by concluding bilateral or multilateral arrangements or agreements, and endeavour, within this framework, to ensure that the placement of the child in another country is carried out by competent authorities or organs.

ARTIGO 21

Os Estados Partes que reconhecem e/ou admitem o sistema de adoção devem garantir que o melhor interesse da criança seja a

consideração primordial e devem:

(a) Assegurar que a adoção da criança seja autorizada exclusivamente pelas autoridades competentes, que determinarão, de acordo com as leis e os procedimentos cabíveis, e com base em todas as informações pertinentes e fidedignas, que a adoção é admissível em vista do status da criança com relação a seus pais, parentes e tutores legais; e que as pessoas interessadas tenham consentido com a adoção, com conhecimento de causa, com base em informações solicitadas, quando necessário;

(b) Reconhecer que a adoção efetuada em outro país pode ser considerada como um meio alternativo para os cuidados da criança, quando a mesma não puder ser colocada em um orfanato ou em uma família adotiva, ou não conte com atendimento adequado em seu país de origem;

(c) Garantir que a criança adotada em outro país goze de salvaguardas e normas equivalentes àquelas existentes em seu país de origem com relação à adoção;

(d) Adotar todas as medidas apropriadas para garantir que, em caso de adoção em outro país, a colocação não resulte em benefícios financeiros indevidos para as pessoas envolvidas;

(e) Promover os objetivos deste artigo, quando necessário, mediante arranjos ou acordos bilaterais ou multilaterais, e envidar esforços, nesse contexto, para assegurar que a colocação da criança em outro país seja realizada por intermédio das autoridades ou dos organismos competentes.

ARTICLE 22

1. States Parties shall take appropriate measures to ensure that a child who is seeking refugee status or who is considered a refugee in accordance with applicable international or domestic law and procedures shall, whether unaccompanied or accompanied by his or her parents or by any other person, receive appropriate protection and humanitarian assistance in the enjoyment of applicable rights set forth in the present Convention and in other international human rights or humanitarian instruments to which the said States are Parties.

2. For this purpose, States Parties shall provide, as they consider appropriate, co-operation in any efforts by the United Nations and other competent intergovernmental organizations or non-governmental organizations co-operating with the United Nations to protect and assist such a child and to trace the parents or other members of the family of any refugee child in order to obtain information necessary for reunification with his or her family. In cases where no parents or other members of the family can be found, the child shall be accorded the same protection as any other child permanently or temporarily deprived of his or her family environment for any reason , as set forth in the present Convention.

ARTIGO 22

1. Os Estados Partes devem adotar medidas adequadas para assegurar que a criança que tenta obter a condição de refugiada, ou que seja considerada refugiada, de acordo com o direito e os procedimentos internacionais ou internos aplicáveis, receba, estando sozinha ou acompanhada por seus pais ou por qualquer outra pessoa, a proteção e a assistência humanitária adequadas para que possa usufruir dos direitos enunciados na presente Convenção e em outros instrumentos internacionais de direitos humanos ou de caráter humanitário com os quais os citados Estados estejam comprometidos.

2. Para tanto, os Estados Partes devem cooperar, da maneira como julgarem apropriada, com todos os esforços das Nações Unidas e demais organizações intergovernamentais competentes, ou organizações não governamentais que cooperam com as Nações Unidas, para proteger e ajudar a criança refugiada; e para localizar seus pais ou outros membros de sua família, buscando informações necessárias para que seja reintegrada à sua família. Caso não seja possível localizar nenhum dos pais ou dos membros da família, deverá ser concedida à criança a mesma proteção outorgada a qualquer outra criança que esteja permanente ou temporariamente privada de seu ambiente familiar, seja qual for o motivo, conforme estabelecido na presente Convenção.

ARTICLE 23

1. States Parties recognize that a mentally or physically disabled child should enjoy a full and decent life, in conditions which ensure dignity, promote self-reliance and facilitate the child's active participation in the community.

2. States Parties recognize the right of the disabled child to special care and shall encourage and ensure the extension, subject to available resources, to the eligible child and those responsible for his or her care, of assistance for which application is made and which is appropriate to the child's condition and to the circumstances of the parents or others caring for the child.

3. Recognizing the special needs of a disabled child, assistance extended in accordance with paragraph 2 of the present article shall be provided free of charge, whenever possible, taking into account the financial resources of the parents or others caring for the child, and shall be designed to ensure that the disabled child has effective access to and receives education, training, health care services, rehabilitation services, preparation for employment and recreation opportunities in a manner conducive to the child's achieving the fullest possible social integration and individual development, including his or her cultural and spiritual development

4. States Parties shall promote, in the spirit of international cooperation, the exchange of appropriate information in the field of preventive health care and of medical, psychological and functional treatment of disabled children, including dissemination of and access to information concerning methods of rehabilitation, education and vocational services, with the aim of enabling States Parties to improve their capabilities and skills and to widen their experience in these areas. In this regard, particular account shall be taken of the needs of developing countries.

ARTIGO 23

1. Os Estados Partes reconhecem que a criança com deficiência física ou mental deverá desfrutar de uma vida plena e decente, em condições que garantam sua dignidade, favoreçam sua autoconfiança e facilitem sua participação ativa na comunidade.

2. Os Estados Partes reconhecem que a criança com deficiência tem direito a receber cuidados especiais, e devem estimular e garantir a extensão da prestação da assistência solicitada e que seja adequada às condições da criança e às circunstâncias de seus pais ou das pessoas responsáveis por ela, de acordo com os recursos disponíveis e sempre que a criança ou seus responsáveis reúnam as condições exigidas.

3. Reconhecendo as necessidades especiais da criança com deficiência, a assistência ampliada, conforme disposto no parágrafo 2 deste artigo, deve ser gratuita sempre que possível, levando em consideração a situação econômica dos pais ou das pessoas responsáveis pela criança; e deve assegurar à criança deficiente o acesso efetivo à educação, à capacitação, aos serviços de saúde e de reabilitação, à preparação para o emprego e às oportunidades de lazer, de maneira que a criança atinja a integração social e o desenvolvimento individual mais completos possíveis, incluindo seu desenvolvimento cultural e espiritual.

4. Os Estados Partes devem promover, com espírito de cooperação internacional, a troca de informações adequadas nos campos da assistência médica preventiva e do tratamento médico, psicológico e funcional das crianças com deficiência, incluindo a divulgação de informações a respeito dos métodos de reabilitação e dos serviços de ensino e formação profissional, bem como o acesso a essas informações. Dessa forma, os Estados Partes poderão aprimorar sua capacidade e seus conhecimentos e ampliar sua experiência nesses campos. Nesse sentido, devem ser consideradas de maneira especial as necessidades dos países em desenvolvimento.

ARTICLE 24

1. States Parties recognize the right of the child to the enjoyment of the highest attainable standard of health and to facilities for the treatment of illness and rehabilitation of health. States Parties shall strive to ensure that no child is deprived of his or her right of access to such health care services.

2. States Parties shall pursue full implementation of this right and, in particular, shall take appropriate measures:
(a) To diminish infant and child mortality;

(b) To ensure the provision of necessary medical assistance and health care to all children with emphasis on the development of primary health care;

(c) To combat disease and malnutrition, including within the framework of primary health care, through, inter alia, the application of readily available technology and through the provision of adequate nutritious foods and clean drinking-water, taking into consideration the dangers and risks of environmental pollution;

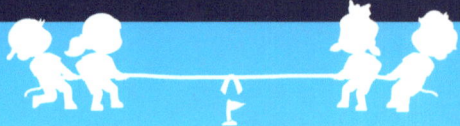

(d) To ensure appropriate pre-natal and post-natal health care for mothers;

(e) To ensure that all segments of society, in particular parents and children, are informed, have access to education and are supported in the use of basic knowledge of child health and nutrition, the advantages of breastfeeding, hygiene and environmental sanitation and the prevention of accidents;

(f) To develop preventive health care, guidance for parents and family planning education and services.

3. States Parties shall take all effective and appropriate measures with a view to abolishing traditional practices prejudicial to the health of children.

4. States Parties undertake to promote and encourage international co-operation with a view to achieving progressively the full realization of the right recognized in the present article. In this regard, particular account shall be taken of the needs of developing countries.

ARTIGO 24

1. Os Estados Partes reconhecem o direito da criança de gozar do melhor padrão possível de saúde e dos serviços destinados ao tratamento das doenças e à recuperação da saúde. Os Estados Partes devem envidar esforços para assegurar que nenhuma criança seja privada de seu direito de usufruir desses serviços de cuidados de saúde.

2. Os Estados Partes devem garantir a plena aplicação desse direito e, em especial, devem adotar as medidas apropriadas para:
(a) Reduzir a mortalidade infantil;

(b) Assegurar a prestação de assistência médica e cuidados de saúde necessários para todas as crianças, dando ênfase aos cuidados primários de saúde;

(c) Combater as doenças e a desnutrição, inclusive no contexto dos cuidados primários de saúde mediante, inter alia, a aplicação de tecnologia prontamente disponível e o fornecimento de alimentos nutritivos e de água limpa de boa qualidade, tendo em vista os perigos e riscos da poluição ambiental;

(d) Assegurar que as mulheres tenham acesso a atendimento pré-natal e pós-natal adequado;

(e) Assegurar que todos os setores da sociedade, especialmente os pais e as crianças, conheçam os princípios básicos de saúde e nutrição da criança, as vantagens do aleitamento materno, da higiene e do saneamento ambiental, e as medidas de prevenção de acidentes; e que tenham acesso a educação pertinente e recebam apoio para a aplicação desses conhecimentos;

(f) Desenvolver assistência médica preventiva, orientação aos pais e educação e serviços de planejamento familiar.

3. Os Estados Partes devem adotar todas as medidas eficazes e adequadas para eliminar práticas tradicionais que sejam prejudiciais à saúde da criança.

4. Os Estados Partes comprometem-se a promover e incentivar a cooperação internacional para buscar, progressivamente, a plena realização do direito reconhecido no presente artigo. Nesse sentido, devem ser consideradas de maneira especial as necessidades dos países em desenvolvimento.

ARTICLE 25

States Parties recognize the right of a child who has been placed by the competent authorities for the purposes of care, protection or treatment of his or her physical or mental health, to a periodic review of the treatment provided to the child and all other circumstances relevant to his or her placement.

ARTIGO 25

Os Estados Partes reconhecem que uma criança internada em uma instituição pelas autoridades competentes, para fins de

atendimento, proteção ou tratamento de saúde física ou mental, tem direito a um exame periódico para avaliação do tratamento ao qual está sendo submetida e de todos os demais aspectos relativos à sua internação.

ARTICLE 26

1. States Parties shall recognize for every child the right to benefit from social security, including social insurance, and shall take the necessary measures to achieve the full realization of this right in accordance with their national law.

2. The benefits should, where appropriate, be granted, taking into account the resources and the circumstances of the child and persons having responsibility for the maintenance of the child, as well as any other consideration relevant to an application for benefits made by or on behalf of the child.

ARTIGO 26

1. Os Estados Partes devem reconhecer que todas as crianças têm o direito de usufruir da previdência social, inclusive do seguro social, e devem adotar as medidas necessárias para garantir a plena realização desse direito, em conformidade com sua legislação nacional.

2. Quando pertinentes, os benefícios devem ser concedidos levando em consideração os recursos e a situação da criança e das pessoas responsáveis pelo seu sustento, bem como qualquer outro aspecto relevante para a concessão do benefício solicitado pela criança ou em seu nome.

ARTICLE 27

1. States Parties recognize the right of every child to a standard of living adequate for the child's physical, mental, spiritual, moral and social development.

2. The parent(s) or others responsible for the child have the primary responsibility to secure, within their abilities and financial capacities, the conditions of living necessary for the child's development.

3. States Parties, in accordance with national conditions and within their means, shall take appropriate measures to assist parents and others responsible for the child to implement this right and shall in case of need provide material assistance and support programmes, particularly with regard to nutrition, clothing and housing.

4. States Parties shall take all appropriate measures to secure the recovery of maintenance for the child from the parents or other persons having financial responsibility for the child, both within the State Party and from abroad. In particular, where the person having financial responsibility for the child lives in a State different from that of the child, States Parties shall promote the accession to international agreements or the conclusion of such agreements, as well as the making of other appropriate arrangements.

ARTIGO 27

1. Os Estados Partes reconhecem o direito de todas as crianças a um nível de vida adequado ao seu desenvolvimento físico, mental, espiritual, moral e social.

2. Cabe aos pais ou a outras pessoas responsáveis pela criança a responsabilidade primordial de propiciar, de acordo com as possibilidades e os recursos financeiros, as condições de vida necessárias ao desenvolvimento da criança.

3. De acordo com as condições nacionais e dentro de suas possibilidades, os Estados Partes devem adotar as medidas apropriadas para ajudar os pais e outras pessoas responsáveis pela criança a tornar efetivo esse direito; e caso necessário, devem proporcionar assistência material e programas de apoio, especialmente no que diz respeito à nutrição, ao vestuário e à habitação.

4. Os Estados Partes devem adotar todas as medidas adequadas para garantir que os pais ou outras pessoas financeiramente responsáveis pela criança respondam por seu sustento, sejam eles residentes no Estado Parte ou no exterior. Em especial, quando a pessoa financeiramente responsável pela criança mora em outro país que não o país de residência da criança, o Estado Parte em questão deve promover a adesão a acordos internacionais ou a conclusão de tais acordos, bem como outras medidas apropriadas.

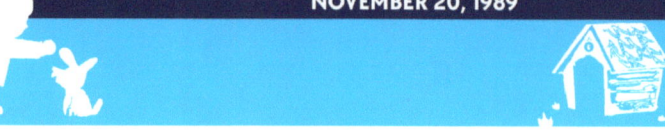

ARTICLE 28

1. States Parties recognize the right of the child to education, and with a view to achieving this right progressively and on the basis of equal opportunity, they shall, in particular:
(a) Make primary education compulsory and available free to all;

(b) Encourage the development of different forms of secondary education, including general and vocational education, make them available and accessible to every child, and take appropriate measures such as the introduction of free education and offering financial assistance in case of need;

(c) Make higher education accessible to all on the basis of capacity by every appropriate means;

(d) Make educational and vocational information and guidance available and accessible to all children;

(e) Take measures to encourage regular attendance at schools and the reduction of drop-out rates.

2. States Parties shall take all appropriate measures to ensure that school discipline is administered in a manner consistent with the child's human dignity and in conformity with the present Convention.

3. States Parties shall promote and encourage international cooperation in matters relating to education, in particular with a view to contributing to the elimination of ignorance and illiteracy throughout the world and facilitating access to scientific and technical knowledge and modern teaching methods. In this regard, particular account shall be taken of the needs of developing countries.

ARTIGO 28

1. Os Estados Partes reconhecem o direito da criança à educação e, para que ela possa exercer esse direito progressivamente e em igualdade de condições, devem:
 (a) Tornar o ensino primário obrigatório e disponível gratuitamente para todos;

(b) Estimular o desenvolvimento dos vários tipos de ensino secundário, inclusive o geral e o profissional, tornando-os disponíveis e acessíveis a todas as crianças; e adotar medidas apropriadas, como a oferta de ensino gratuito e assistência financeira se necessário;

(c) Tornar o ensino superior acessível a todos, com base em capacidade, e por todos os meios adequados;

(d) Tornar informações e orientação educacionais e profissionais disponíveis e acessíveis a todas as crianças;
(e) Adotar medidas para estimular a frequência regular à escola e a redução do índice de evasão escolar.

2. Os Estados Partes devem adotar todas as medidas necessárias para assegurar que a disciplina escolar seja ministrada de maneira compatível com a dignidade humana da criança e em conformidade com a presente Convenção.
3. Os Estados Partes devem promover e estimular a cooperação internacional em questões relativas à educação, visando especialmente contribuir para a eliminação da ignorância e do analfabetismo no mundo e facilitar o acesso aos conhecimentos científicos e técnicos e aos métodos modernos de ensino. Nesse sentido, devem ser consideradas de maneira especial as necessidades dos países em desenvolvimento.

ARTICLE 29

1. States Parties agree that the education of the child shall be directed to:
(a) The development of the child's personality, talents and mental and physical abilities to their fullest potential;

(b) The development of respect for human rights and fundamental freedoms, and for the principles enshrined in the Charter of the United Nations;

(c) The development of respect for the child's parents, his or her own cultural identity, language and values, for the national values of the country in which the child is living, the country from which he or she may originate, and for civilizations different from his or her own;

(d) The preparation of the child for responsible life in a free society, in the spirit of understanding, peace, tolerance, equality of sexes, and friendship among all peoples, ethnic, national and religious groups and persons of indigenous origin;

(e) The development of respect for the natural environment.

2. No part of the present article or article 28 shall be construed so as to interfere with the liberty of individuals and bodies to establish and direct educational institutions, subject always to the observance of the principle set forth in paragraph 1 of the present article and to the requirements that the education given in such institutions shall conform to such minimum standards as may be laid down by the State.

ARTIGO 29

1. Os Estados Partes reconhecem que a educação da criança deve estar orientada no sentido de:
(a) Desenvolver a personalidade, as aptidões e a capacidade mental e física da criança em todo seu potencial;

(b) Imbuir na criança o respeito aos direitos humanos e às liberdades fundamentais, bem como aos princípios consagrados na Carta das Nações Unidas;

(c) Imbuir na criança o respeito por seus pais, sua própria identidade cultural, seu idioma e seus valores, pelos valores nacionais do país em que reside, do país de origem, quando for o caso, e das civilizações diferentes da sua;

(d) Preparar a criança para assumir uma vida responsável em uma sociedade livre, com espírito de entendimento, paz, tolerância, igualdade de gênero e amizade entre todos os povos, grupos étnicos, nacionais e religiosos, e populações autóctones;

(e) Imbuir na criança o respeito pelo meio ambiente.

2. Nenhum inciso deste artigo ou do artigo 28 deverá ser interpretado de modo a restringir a liberdade que cabe aos indivíduos ou às entidades de criar e dirigir instituições de ensino, desde que sejam respeitados os princípios enunciados no parágrafo 1 deste artigo, e desde que a educação ministrada em tais instituições esteja em consonância com os padrões mínimos estabelecidos pelo Estado.

ARTICLE 30

In those States in which ethnic, religious or linguistic minorities or persons of indigenous origin exist, a child belonging to such a minority or who is indigenous shall not be denied the right, in community with other members of his or her group, to enjoy his or her own culture, to profess and practise his or her own religion, or to use his or her own language.

ARTIGO 30

Nos Estados Partes que abriguem minorias étnicas, religiosas ou linguísticas, ou populações autóctones, não será negado a uma criança que pertença a tais minorias ou a um grupo autóctone o direito de ter sua própria cultura, professar ou praticar sua própria religião ou utilizar seu próprio idioma em comunidade com os demais membros de seu grupo.

ARTICLE 31

1. States Parties recognize the right of the child to rest and leisure, to engage in play and recreational activities appropriate to the age of the child and to participate freely in cultural life and the arts.

2. States Parties shall respect and promote the right of the child to participate fully in cultural and artistic life and shall encourage the provision of appropriate and equal opportunities for cultural, artistic, recreational and leisure activity.

ARTIGO 31

1. Os Estados Partes reconhecem o direito da criança ao descanso e ao lazer, ao divertimento e às atividades recreativas próprias da idade, bem como à livre participação na vida cultural e artística.

2. Os Estados Partes devem respeitar e promover o direito da criança de participar plenamente da vida cultural e artística e devem estimular a oferta de oportunidades adequadas de atividades culturais, artísticas, recreativa e de lazer, em condições de igualdade.

ARTICLE 32

1. States Parties recognize the right of the child to be protected from economic exploitation and from performing any work that is likely to be hazardous or to interfere with the child's education, or to be harmful to the child's health or physical, mental, spiritual, moral or social development.

2. States Parties shall take legislative, administrative, social and educational measures to ensure the implementation of the present article. To this end, and having regard to the relevant provisions of other international instruments, States Parties shall in particular:
(a) Provide for a minimum age or minimum ages for admission to employment;

(b) Provide for appropriate regulation of the hours and conditions of employment;

(c) Provide for appropriate penalties or other sanctions to ensure the effective enforcement of the present article.

ARTIGO 32

Os Estados Partes reconhecem o direito da criança de ser protegida contra a exploração econômica e contra a realização de qualquer trabalho que possa ser perigoso ou interferir em sua educação, ou que seja prejudicial para sua saúde ou para seu desenvolvimento físico, mental, espiritual, moral ou social.
Os Estados Partes devem adotar medidas legislativas, sociais e educacionais para assegurar a aplicação deste artigo. Para tanto, e levando em consideração os dispositivos pertinentes de outros instrumentos internacionais, os Estados Partes devem, em particular:
 (a) Estabelecer uma idade mínima ou idades mínimas para a admissão no trabalho;

(b) Estabelecer regulamentação apropriada relativa a horários e condições de trabalho;

(c) Estabelecer penalidades ou outras sanções apropriadas para assegurar o cumprimento efetivo deste artigo.

ARTICLE 33

States Parties shall take all appropriate measures, including legislative, administrative, social and educational measures, to protect children from the illicit use of narcotic drugs and psychotropic substances as defined in the relevant international treaties, and to prevent the use of children in the illicit production and trafficking of such substances.

ARTIGO 33

Os Estados Partes devem adotar todas as medidas apropriadas, inclusive medidas legislativas, administrativas, sociais e educacionais, para proteger a criança contra o uso ilícito de drogas e substâncias psicotrópicas tal como são definidas nos tratados internacionais pertinentes, e para impedir que as crianças sejam utilizadas na produção e no tráfico ilícito dessas substâncias.

ARTICLE 34

States Parties undertake to protect the child from all forms of sexual exploitation and sexual abuse. For these purposes, States Parties shall in particular take all appropriate national, bilateral and multilateral measures to prevent:
(a) The inducement or coercion of a child to engage in any unlawful sexual activity;

(b) The exploitative use of children in prostitution or other unlawful sexual practices;

(c) The exploitative use of children in pornographic performances and materials.

ARTIGO 34

Os Estados Partes comprometem-se a proteger a criança contra todas as formas de exploração e abuso sexual. Para tanto, os

Estados Partes devem adotar, em especial, todas as medidas em âmbito nacional, bilateral e multilateral que sejam necessárias para impedir:

(a) O incentivo ou a coação para que uma criança dedique-se a qualquer atividade sexual ilegal;

(b) A exploração da criança na prostituição ou em outras práticas sexuais ilegais;

(c) A exploração da criança em espetáculos ou materiais pornográficos.

ARTICLE 35
States Parties shall take all appropriate national, bilateral and multilateral measures to prevent the abduction of, the sale of or traffic in children for any purpose or in any form.

ARTIGO 35
Os Estados Partes devem adotar todas as medidas em âmbito nacional, bilateral e multilateral que sejam necessárias para impedir o sequestro, a venda ou o tráfico de crianças, para qualquer fim ou sob qualquer forma.

ARTICLE 36
States Parties shall take all appropriate national, bilateral and multilateral measures to prevent the abduction of, the sale of or traffic in children for any purpose or in any form.

ARTIGO 36
Os Estados Partes devem proteger a criança contra todas as formas de exploração que sejam prejudiciais para qualquer aspecto de seu bem-estar.

ARTICLE 37
States Parties shall ensure that:

(a) No child shall be subjected to torture or other cruel, inhuman or degrading treatment or punishment. Neither capital punishment nor life imprisonment without possibility of release shall be imposed for offences committed by persons below eighteen years of age;

(b) No child shall be deprived of his or her liberty unlawfully or arbitrarily. The arrest, detention or imprisonment of a child shall be in conformity with the law and shall be used only as a measure of last resort and for the shortest appropriate period of time;

(c) Every child deprived of liberty shall be treated with humanity and respect for the inherent dignity of the human person, and in a manner which takes into account the needs of persons of his or her age. In particular, every child deprived of liberty shall be separated from adults unless it is considered in the child's best interest not to do so and shall have the right to maintain contact with his or her family through correspondence and visits, save in exceptional circumstances;

(d) Every child deprived of his or her liberty shall have the right to prompt access to legal and other appropriate assistance, as well as the right to challenge the legality of the deprivation of his or her liberty before a court or other competent, independent and impartial authority, and to a prompt decision on any such action.

ARTIGO 37
Os Estados Partes devem garantir:

(a) Que nenhuma criança seja submetida a tortura ou a outros tratamentos ou penas cruéis, desumanos ou degradantes. Não serão impostas a pena de morte e a prisão perpétua, sem possibilidade de livramento, por delitos cometidos por menores de 18 anos de idade;

(b) Que nenhuma criança seja privada de sua liberdade de forma ilegal ou arbitrária. A detenção, a reclusão ou a prisão de uma criança devem ser efetuadas em conformidade com a lei e apenas como último recurso, e pelo período de tempo mais breve

possível;

(c) Que todas as crianças privadas de sua liberdade sejam tratadas com a humanidade e o respeito que merece a dignidade inerente à pessoa humana, e levando em consideração as necessidades de uma pessoa de sua idade. Em especial, todas as crianças privadas de sua liberdade devem permanecer em ambiente separado dos adultos, a não ser que tal fato seja considerado contrário ao seu melhor interesse; e devem ter o direito de manter contato com suas famílias por meio de correspondência ou visitas, salvo em circunstâncias excepcionais;

(d) Que todas as crianças privadas de sua liberdade tenham direito a acesso imediato a assistência jurídica e a qualquer outra assistência adequada, bem como o direito de contestar a legalidade da privação de sua liberdade perante um tribunal ou outra autoridade competente, independente e imparcial, e de ter uma decisão rápida para tal ação.

ARTICLE 38

1. States Parties undertake to respect and to ensure respect for rules of international humanitarian law applicable to them in armed conflicts which are relevant to the child.

2. States Parties shall take all feasible measures to ensure that persons who have not attained the age of fifteen years do not take a direct part in hostilities.

3. States Parties shall refrain from recruiting any person who has not attained the age of fifteen years into their armed forces. In recruiting among those persons who have attained the age of fifteen years but who have not attained the age of eighteen years, States Parties shall endeavour to give priority to those who are oldest.

4. In accordance with their obligations under international humanitarian law to protect the civilian population in armed conflicts, States Parties shall take all feasible measures to ensure protection and care of children who are affected by an armed conflict.

ARTIGO 38

1. Os Estados Partes comprometem-se a respeitar e a fazer com que sejam respeitadas as normas do direito humanitário internacional aplicáveis à criança em casos de conflito armado.

2. Os Estados Partes devem adotar todas as medidas possíveis para impedir que menores de 15 anos de idade participem diretamente de hostilidades.
Os Estados Partes devem abster-se de recrutar menores de 15 anos de idade para servir em suas forças armadas. Caso recrutem indivíduos que tenham completado 15 anos de idade, mas que tenham menos de 18 anos, os Estados Partes devem dar prioridade aos mais velhos.

3. Os Estados Partes devem abster-se de recrutar menores de 15 anos de idade para servir em suas forças armadas. Caso recrutem indivíduos que tenham completado 15 anos de idade, mas que tenham menos de 18 anos, os Estados Partes devem dar prioridade aos mais velhos.

4. Em conformidade com as obrigações determinadas pelo direito humanitário internacional para proteger a população civil durante conflitos armados, os Estados Partes devem adotar todas as medidas possíveis para assegurar a proteção e o cuidado das crianças afetadas por um conflito armado.

ARTICLE 39

States Parties shall take all appropriate measures to promote physical and psychological recovery and social reintegration of a child victim of: any form of neglect, exploitation, or abuse; torture or any other form of cruel, inhuman or degrading treatment or punishment; or armed conflicts. Such recovery and reintegration shall take place in an environment which fosters the health, self-respect and dignity of the child.

ARTIGO 39

Os Estados Partes devem adotar todas as medidas apropriadas para promover a recuperação física e psicológica e a reintegração social de todas as crianças vítimas de: qualquer forma de negligência, exploração ou abuso; tortura ou outros tratamentos ou penas

cruéis, desumanos ou degradantes; ou conflitos armados. A recuperação e a reintegração devem ocorrer em ambiente que estimule a saúde, o respeito próprio e a dignidade da criança.

ARTICLE 40

1. States Parties recognize the right of every child alleged as, accused of, or recognized as having infringed the penal law to be treated in a manner consistent with the promotion of the child's sense of dignity and worth, which reinforces the child's respect for the human rights and fundamental freedoms of others and which takes into account the child's age and the desirability of promoting the child's reintegration and the child's assuming a constructive role in society.

2. To this end, and having regard to the relevant provisions of international instruments, States Parties shall, in particular, ensure that:

(a) No child shall be alleged as, be accused of, or recognized as having infringed the penal law by reason of acts or omissions that were not prohibited by national or international law at the time they were committed;

(b) Every child alleged as or accused of having infringed the penal law has at least the following guarantees:

(i) To be presumed innocent until proven guilty according to law;

(ii) To be informed promptly and directly of the charges against him or her, and, if appropriate, through his or her parents or legal guardians, and to have legal or other appropriate assistance in the preparation and presentation of his or her defence;

(iii) To have the matter determined without delay by a competent, independent and impartial authority or judicial body in a fair hearing according to law, in the presence of legal or other appropriate assistance and, unless it is considered not to be in the best interest of the child, in particular, taking into account his or her age or situation, his or her parents or legal guardians;

(iv) Not to be compelled to give testimony or to confess guilt; to examine or have examined adverse witnesses and to obtain the participation and examination of witnesses on his or her behalf under conditions of equality;

(v) If considered to have infringed the penal law, to have this decision and any measures imposed in consequence thereof reviewed by a higher competent, independent and impartial authority or judicial body according to law;

(vi) To have the free assistance of an interpreter if the child cannot understand or speak the language used;

(vii) To have his or her privacy fully respected at all stages of the proceedings.

3. States Parties shall seek to promote the establishment of laws, procedures, authorities and institutions specifically applicable to children alleged as, accused of, or recognized as having infringed the penal law, and, in particular:
(a) The establishment of a minimum age below which children shall be presumed not to have the capacity to infringe the penal law;

(b) Whenever appropriate and desirable, measures for dealing with such children without resorting to judicial proceedings, providing that human rights and legal safeguards are fully respected. 4. A variety of dispositions, such as care, guidance and supervision orders; counselling; probation; foster care; education and vocational training programmes and other alternatives to institutional care shall be available to ensure that children are dealt with in a manner appropriate to their well-being and proportionate both to their circumstances and the offence.

ARTIGO 40

1. Os Estados Partes reconhecem que todas as crianças que, alegadamente, teriam infringido a legislação penal ou que são acusadas ou declaradas culpadas de ter infringido a legislação penal têm o direito de ser tratadas de forma a promover e estimular seu sentido de dignidade e de valor, fortalecendo seu respeito pelos direitos humanos e pelas liberdades fundamentais de terceiros, levando em consideração sua idade e a importância de promover sua reintegração e seu papel construtivo na sociedade.

2. Para tanto, e de acordo com os dispositivos relevantes dos instrumentos internacionais, os Estados Partes devem assegurar, em especial:

United Nations

(a) Que não se alegue que uma criança tenha infringido a legislação penal, nem se acuse ou declare uma criança culpada de ter infringido a legislação penal por atos ou omissões que não eram proibidos pela legislação nacional ou internacional no momento em que tais atos ou omissões foram cometidos;

(b) Que todas as crianças que, alegadamente, teriam infringido a legislação penal ou que são acusadas ou declaradas culpadas de ter infringido a legislação penal gozem, no mínimo, das seguintes garantias:

(i) Ser consideradas inocentes enquanto não for comprovada sua culpa, de acordo com a legislação;

(ii) Ser informadas das acusações que pesam contra elas prontamente e diretamente e, quando for o caso, por intermédio de seus pais ou de seus de tutores legais, e dispor de assistência jurídica ou outro tipo de assistência apropriada para a preparação e a apresentação de sua defesa;

(iii) Ter a causa decidida sem demora por autoridade ou órgão judicial competente, independente e imparcial, em audiência justa, de acordo com a lei, contando com assistência jurídica ou de outro tipo e na presença de seus pais ou de seus tutores legais, salvo quando essa situação for considerada contrária ao seu melhor interesse, tendo em vista especialmente sua idade ou sua situação;

(iv) Não ser obrigada a testemunhar ou declarar-se culpada, e poder interrogar as testemunhas de acusação, bem como obter a participação e o interrogatório de testemunhas em sua defesa, em igualdade de condições;

(v) Caso seja decidido que infringiu a legislação penal, ter essa decisão e qualquer medida imposta em decorrência da mesma submetida a revisão por autoridade ou órgão judicial superior competente, independente e imparcial, de acordo com a lei;

(vi) Contar com a assistência gratuita de um intérprete caso não compreenda ou não fale o idioma utilizado;

(vii) Ter plenamente respeitada sua vida privada durante todas as fases do processo.

3.Os Estados Partes devem buscar promover o estabelecimento de leis, procedimentos, autoridades e instituições especificamente aplicáveis a crianças, que alegadamente, teriam infringido a legislação penal ou que sejam acusadas ou declaradas culpadas de ter infringido a legislação penal, e em especial:

(a) O estabelecimento de uma idade mínima antes da qual se presumirá que a criança não tem capacidade para infringir a legislação penal;

(b) Sempre que conveniente e desejável, a adoção de medidas para lidar com essas crianças sem recorrer a procedimentos judiciais, desde que sejam plenamente respeitados os direitos humanos e as garantias legais.

4. Diversas medidas, tais como ordens de guarda, orientação e supervisão, aconselhamento, liberdade vigiada, colocação em orfanatos, programas de educação e formação profissional, bem como alternativas à internação em instituições devem estar disponíveis para garantir que as crianças sejam tratadas de modo apropriado ao seu bem-estar e de forma proporcional às circunstâncias e ao tipo de delito.

ARTICLE 41
Nothing in the present Convention shall affect any provisions which are more conducive to the realization of the rights of the child and which may be contained in:
(a) The law of a State party; or
(b) International law in force for that State.

ARTIGO 41
Nenhuma determinação da presente Convenção deve sobrepor-se a dispositivos que sejam mais convenientes para a realização dos direitos da criança e que podem constar:
(a) Da legislação de um Estado Parte;
(b) Das normas de legislações internacionais vigentes para esse Estado.

ARTICLE 42

States Parties undertake to make the principles and provisions of the Convention widely known, by appropriate and active means, to adults and children alike.

ARTIGO 42

Os Estados Partes assumem o compromisso de divulgar amplamente os princípios e dispositivos da Convenção para adultos e crianças, mediante a utilização de meios apropriados e eficazes.

ARTICLE 43

1. For the purpose of examining the progress made by States Parties in achieving the realization of the obligations undertaken in the present Convention, there shall be established a Committee on the Rights of the Child, which shall carry out the functions hereinafter provided.

2. The Committee shall consist of eighteen experts of high moral standing and recognized competence in the field covered by this Convention.1/ The members of the Committee shall be elected by States Parties from among their nationals and shall serve in their personal capacity, consideration being given to equitable geographical distribution, as well as to the principal legal systems.

3. The members of the Committee shall be elected by secret ballot from a list of persons nominated by States Parties. Each State Party may nominate one person from among its own nationals.

4. The initial election to the Committee shall be held no later than six months after the date of the entry into force of the present Convention and thereafter every second year. At least four months before the date of each election, the Secretary-General of the United Nations shall address a letter to States Parties inviting them to submit their nominations within two months. The Secretary-General shall subsequently prepare a list in alphabetical order of all persons thus nominated, indicating States Parties which have nominated them, and shall submit it to the States Parties to the present Convention.

5. The elections shall be held at meetings of States Parties convened by the Secretary-General at United Nations Headquarters. At those meetings, for which two thirds of States Parties shall constitute a quorum, the persons elected to the Committee shall be those who obtain the largest number of votes and an absolute majority of the votes of the representatives of States Parties present and voting.

6. The members of the Committee shall be elected for a term of four years. They shall be eligible for re-election if renominated. The term of five of the members elected at the first election shall expire at the end of two years; immediately after the first election, the names of these five members shall be chosen by lot by the Chairman of the meeting.

7. If a member of the Committee dies or resigns or declares that for any other cause he or she can no longer perform the duties of the Committee, the State Party which nominated the member shall appoint another expert from among its nationals to serve for the remainder of the term, subject to the approval of the Committee.

8. The Committee shall establish its own rules of procedure.

9. The Committee shall elect its officers for a period of two years.

10. The meetings of the Committee shall normally be held at United Nations Headquarters or at any other convenient place as determined by the Committee. The Committee shall normally meet annually. The duration of the meetings of the Committee shall be determined, and reviewed, if necessary, by a meeting of the States Parties to the present Convention, subject to the approval of the General Assembly.

11. The Secretary-General of the United Nations shall provide the necessary staff and facilities for the effective performance of the functions of the Committee under the present Convention.

12. With the approval of the General Assembly, the members of the Committee established under the present Convention shall receive emoluments from United Nations resources on such terms and conditions as the Assembly may decide.

ARTIGO 43

1. Com o objetivo de analisar os progressos realizados no cumprimento das obrigações assumidas pelos Estados Partes sob a presente Convenção, deve ser constituído um Comitê sobre os Direitos da Criança, que desempenhará as funções determinadas a seguir.

2. O Comitê será composto por dez especialistas de reconhecida integridade moral e competência nas áreas cobertas pela presente Convenção. Os membros do Comitê devem ser eleitos pelos Estados Partes entre seus próprios cidadãos, e exercerão suas funções de acordo com sua qualificação pessoal, levando em consideração uma distribuição geográfica equitativa e os principais sistemas jurídicos.

3. Os membros do Comitê serão escolhidos em votação secreta, a partir de uma lista de pessoas indicadas pelos Estados Partes. Cada Estado Parte poderá indicar uma pessoa entre seus próprios cidadãos.

4. A eleição inicial para o Comitê deve ocorrer no máximo seis meses após a data em que a presente Convenção entrar em vigor e, posteriormente, a cada dois anos. No mínimo quatro meses antes da data marcada para cada eleição, o Secretário-Geral das Nações Unidas deve enviar uma carta aos Estados Partes convidando-os a apresentar suas candidaturas no prazo de dois meses. Na sequência, o Secretário-Geral deve elaborar uma lista da qual farão parte, em ordem alfabética, todos os candidatos indicados e os Estados Partes que os designaram, e deve submetê-la aos Estados Partes da presente Convenção.

5. As eleições serão realizadas na sede das Nações Unidas, em reuniões dos Estados Partes convocadas pelo Secretário-Geral. Nessas reuniões, para as quais o quorum será de dois terços dos Estados Partes, os candidatos eleitos para o Comitê serão aqueles que obtiverem o maior número de votos e a maioria absoluta de votos dos representantes dos Estados Partes presentes e votantes.

6. Os membros do Comitê serão eleitos para um mandato de quatro anos. Poderão ser reeleitos caso suas candidaturas sejam apresentadas novamente. O mandato de cinco dos membros eleitos na primeira eleição expirará ao término de dois anos; imediatamente após ter sido realizada a primeira eleição, o presidente da reunião escolherá por sorteio os nomes desses cinco membros.

7. Caso um membro do comitê venha a falecer, ou renuncie ou declare que por qualquer outro motivo não poderá continuar desempenhando suas funções, o Estado Parte que indicou esse membro designará outro especialista, entre seus cidadãos, para que exerça o mandato até o final, sujeito à aprovação do Comitê.

8. O Comitê deve estabelecer as regras para seus procedimentos.

9. O Comitê deve eleger os membros da mesa para um período de dois anos.

10. As reuniões do Comitê devem ocorrer normalmente na sede das Nações Unidas ou em qualquer outro local que o Comitê julgue conveniente. O Comitê deve reunir-se normalmente todos os anos. A duração das reuniões do Comitê será determinada e revista, se for o caso, em uma reunião dos Estados Partes da presente Convenção, sujeita à aprovação da Assembleia Geral.

11. O Secretário-Geral das Nações Unidas deve fornecer as equipe e as instalações necessárias para o desempenho eficaz das funções do Comitê, de acordo com a presente Convenção.

12. Com a aprovação da Assembleia Geral, a remuneração dos membros do Comitê constituído sob a presente Convenção será proveniente dos recursos das Nações Unidas, de acordo com as condições e os termos determinados pela Assembleia.

ARTICLE 44

1. States Parties undertake to submit to the Committee, through the Secretary-General of the United Nations, reports on the measures they have adopted which give effect to the rights recognized herein and on the progress made on the enjoyment of those rights:
(a) Within two years of the entry into force of the Convention for the State Party concerned;

(b) Thereafter every five years.

2. Reports made under the present article shall indicate factors and difficulties, if any, affecting the degree of fulfilment of the obligations under the present Convention. Reports shall also contain sufficient information to provide the Committee with a comprehensive understanding of the implementation of the Convention in the country concerned.

3. A State Party which has submitted a comprehensive initial report to the Committee need not, in its subsequent reports submitted in accordance with paragraph 1 (b) of the present article, repeat basic information previously provided.

4. The Committee may request from States Parties further information relevant to the implementation of the Convention.

5. The Committee shall submit to the General Assembly, through the Economic and Social Council, every two years, reports on its activities.

6. States Parties shall make their reports widely available to the public in their own countries.

ARTIGO 44
1. Os Estados Partes assumem o compromisso de apresentar ao Comitê, por intermédio do Secretário-Geral das Nações Unidas, relatórios sobre as medidas que tenham adotado com vistas a tornar efetivos os direitos reconhecidos na Convenção e sobre os progressos alcançados no exercício desses direitos:
 (a) No prazo de dois anos a partir da data em que a presente Convenção entrou em vigor para cada Estado Parte;

(b) A partir de então, a cada cinco anos.

2. Os relatórios elaborados em função deste artigo devem indicar as circunstâncias e as dificuldades, caso existam, que afetam o grau de cumprimento das obrigações decorrentes da presente Convenção. Devem conter também informações suficientes para que o Comitê tenha um amplo entendimento da implementação da Convenção no país.

3. Um Estado Parte que tenha submetido um relatório inicial abrangente ao Comitê não precisará repetir em relatórios posteriores informações básicas já fornecidas, conforme estipula o subitem (b) do parágrafo 1 deste artigo.

4. O Comitê poderá solicitar aos Estados Partes mais informações sobre a implementação da Convenção.

5. A cada dois anos, o Comitê deve submeter relatórios sobre suas atividades à Assembleia Geral das Nações Unidas, por intermédio do Conselho Econômico e Social.

6. Os Estados Partes devem tornar seus relatórios amplamente disponíveis ao público em seus respectivos países.

ARTICLE 45
In order to foster the effective implementation of the Convention and to encourage international co-operation in the field covered by the Convention:
(a) The specialized agencies, the United Nations Children's Fund, and other United Nations organs shall be entitled to be represented at the consideration of the implementation of such provisions of the present Convention as fall within the scope of their mandate. The Committee may invite the specialized agencies, the United Nations Children's Fund and other competent bodies as it may consider appropriate to provide expert advice on the implementation of the Convention in areas falling within the scope of their respective mandates. The Committee may invite the specialized agencies, the United Nations Children's Fund, and other United Nations organs to submit reports on the implementation of the Convention in areas falling within the scope of their activities;

(b) The Committee shall transmit, as it may consider appropriate, to the specialized agencies, the United Nations Children's Fund and other competent bodies, any reports from States Parties that contain a request, or indicate a need, for technical advice or assistance, along with the Committee's observations and suggestions, if any, on these requests or indications;

(c) The Committee may recommend to the General Assembly to request the Secretary-General to undertake on its behalf studies on specific issues relating to the rights of the child;

(d) The Committee may make suggestions and general recommendations based on information received pursuant to articles 44 and 45 of the present Convention. Such suggestions and general recommendations shall be transmitted to any State Party concerned and reported to the General Assembly, together with comments, if any, from States Parties.

ARTIGO 45
A fim de incentivar a efetiva implementação da Convenção e estimular a cooperação internacional nas esferas regulamentadas pela Convenção:
(a) As agências especializadas, o Fundo das Nações Unidas para a Infância e outros órgãos das Nações Unidas poderão estar representados quando for analisada a implementação de dispositivos da presente Convenção que estejam compreendidos no escopo de seus mandatos. O Comitê poderá convidar as agências especializadas, o Fundo das Nações Unidas para a Infância e outros órgãos competentes que considere apropriados para que forneçam assessoria especializada sobre a implementação de dispositivos da presente Convenção que estejam compreendidos no escopo de seus respectivos mandatos. O Comitê poderá convidar as agências especializadas, o Fundo das Nações Unidas para a Infância e outros órgãos das Nações Unidas para que submetam relatórios sobre a implementação da Convenção em áreas compreendidas no escopo de suas atividades;

(b) Conforme julgar conveniente, o Comitê deve transmitir às agências especializadas, ao Fundo das Nações Unidas para a Infância e a outros órgãos competentes quaisquer relatórios dos Estados Partes que contenham uma solicitação de assessoria ou que indiquem a necessidade de orientação ou de assistência técnica, acompanhados por observações e sugestões do Comitê, se houver, sobre tais pedidos ou indicações;

(c) O Comitê poderá recomendar à Assembleia Geral que solicite ao Secretário-Geral que realize, em seu nome, estudos sobre questões específicas relativas aos direitos da criança;

(d) O Comitê poderá formular sugestões e recomendações gerais com base nas informações recebidas de acordo com os termos dos artigos 44 e 45 da presente Convenção. Essas sugestões e recomendações gerais devem ser transmitidas aos Estados Partes em questão e encaminhadas à Assembleia Geral, acompanhadas por comentários eventualmente apresentados pelos Estados Partes.

ARTICLE 46
The present Convention shall be open for signature by all States.

ARTIGO 46
A presente Convenção está aberta à assinatura de todos os Estados.

ARTICLE 47
The present Convention is subject to ratification. Instruments of ratification shall be deposited with the Secretary-General of the United Nations.

ARTIGO 47
A presente Convenção está sujeita a ratificação. Os instrumentos de ratificação serão depositados em poder do Secretário-Geral das Nações Unidas.

ARTICLE 48
The present Convention shall remain open for accession by any State. The instruments of accession shall be deposited with the Secretary-General of the United Nations.

CONVENÇÃO INTERNACIONAL DAS NAÇÕES UNIDAS SOBRE OS DIREITOS DA CRIANÇA
20 DE NOVEMBRO DE 1989

ARTIGO 48

A presente Convenção permanecerá aberta à adesão por qualquer Estado. Os instrumentos de adesão serão depositados em poder do Secretário-Geral das Nações Unidas.

ARTICLE 49

1. The present Convention shall enter into force on the thirtieth day following the date of deposit with the Secretary-General of the United Nations of the twentieth instrument of ratification or accession.

2. For each State ratifying or acceding to the Convention after the deposit of the twentieth instrument of ratification or accession, the Convention shall enter into force on the thirtieth day after the deposit by such State of its instrument of ratification or accession.

ARTIGO 49

1. A presente Convenção entrará em vigor no trigésimo dia após a data em que tenha sido depositado o vigésimo instrumento de ratificação ou adesão em poder do Secretário-Geral das Nações Unidas.

2. Para cada Estado que venha a ratificar a Convenção ou aderir a ela após ter sido depositado o vigésimo instrumento de ratificação ou de adesão, a Convenção entrará em vigor no trigésimo dia após o depósito, por parte do Estado, de seu instrumento de ratificação ou de adesão.

ARTICLE 50

1. Any State Party may propose an amendment and file it with the Secretary-General of the United Nations. The Secretary-General shall thereupon communicate the proposed amendment to States Parties, with a request that they indicate whether they favour a conference of States Parties for the purpose of considering and voting upon the proposals. In the event that, within four months from the date of such communication, at least one third of the States Parties favour such a conference, the Secretary-General shall convene the conference under the auspices of the United Nations. Any amendment adopted by a majority of States Parties present and voting at the conference shall be submitted to the General Assembly for approval.

2. An amendment adopted in accordance with paragraph 1 of the present article shall enter into force when it has been approved by the General Assembly of the United Nations and accepted by a two-thirds majority of States Parties.

3. When an amendment enters into force, it shall be binding on those States Parties which have accepted it, other States Parties still being bound by the provisions of the present Convention and any earlier amendments which they have accepted.

ARTIGO 50

1. Qualquer Estado Parte poderá propor uma emenda e registrá-la com o Secretário-Geral das Nações Unidas. Na sequência, o Secretário-Geral comunicará a emenda proposta aos Estados Partes, solicitando que estes o notifiquem caso apoiem a convocação de uma Conferência de Estados Partes com o objetivo de analisar as propostas e submetê-las à votação. Se no prazo de quatro meses a partir da data dessa notificação pelo menos um terço dos Estados Partes declarar-se favorável a tal Conferência, o Secretário-Geral convocará a Conferência, sob os auspícios das Nações Unidas. Qualquer emenda adotada pela maioria dos Estados Partes presentes e votantes na Conferência deverá ser submetida pelo Secretário-Geral à Assembleia Geral, para sua aprovação.

2. Uma emenda adotada em conformidade com o parágrafo 1 deste artigo entrará em vigor quando aprovada pela Assembleia Geral das Nações Unidas e aceita por dois terços dos Estados Partes.

3. Quando entrar em vigor, a emenda será vinculante para os Estados Partes que as tenham aceitado, e os demais Estados Partes continuarão regidos pelos dispositivos da presente Convenção e pelas emendas anteriormente aceitas por eles.

ARTICLE 51

1. The Secretary-General of the United Nations shall receive and circulate to all States the text of reservations made by States at the time of ratification or accession.

2. A reservation incompatible with the object and purpose of the present Convention shall not be permitted.

3. Reservations may be withdrawn at any time by notification to that effect addressed to the Secretary-General of the United Nations, who shall then inform all States. Such notification shall take effect on the date on which it is received by the Secretary-General

ARTIGO 51

1. O Secretário-Geral das Nações Unidas deve recebe e comunicar a todos os Estados Partes o texto das ressalvas feitas no momento da ratificação ou da adesão.

2. Não será permitida nenhuma ressalva incompatível com o objetivo e o propósito da presente Convenção.

3. Quaisquer ressalvas poderão ser retiradas a qualquer momento mediante notificação dirigida ao Secretário-Geral das Nações Unidas, que deve transmitir essa informação a todos os Estados. Tal notificação entrará em vigor na data de seu recebimento pelo Secretário-Geral.

ARTICLE 52

A State Party may denounce the present Convention by written notification to the Secretary-General of the United Nations. Denunciation becomes effective one year after the date of receipt of the notification by the Secretary-General.

ARTIGO 52

Um Estado Parte pode requerer a denunciação da presente Convenção mediante notificação por escrito ao Secretário-Geral das Nações Unidas. A denunciação entrará em vigor um ano após a data em que a notificação for recebida pelo Secretário-Geral.

ARTICLE 53

The Secretary-General of the United Nations is designated as the depositary of the present Convention.

ARTIGO 53

O Secretário-Geral das Nações Unidas é designado depositário da presente Convenção.

ARTICLE 54

The original of the present Convention, of which the Arabic, Chinese, English, French, Russian and Spanish texts are equally authentic, shall be deposited with the Secretary-General of the United Nations. In witness thereof the undersigned plenipotentiaries, being duly authorized thereto by their respective Governments, have signed the present Convention.

ARTIGO 54

O texto original da presente Convenção, cujas versões em árabe, chinês, espanhol, francês, inglês e russo são igualmente autênticas, deve ser depositado em poder do Secretário-Geral das Nações Unidas. Em testemunho do quê os plenipotenciários abaixo assinados, devidamente autorizados por seus respectivos governos, assinaram a presente Convenção.

CONVENÇÃO INTERNACIONAL DAS NAÇÕES UNIDAS
SOBRE OS DIREITOS DA CRIANÇA
20 DE NOVEMBRO DE 1989

United Nations | Peace, dignity and equality on a healthy planet

United Nations

About the illustrator

Marcus V Koshiro Matumoto (1983) likes to create one-eye characters named Monolho, and also likes building, fixing, and flipping properties, street art, and crafting with his daughter, Amélie. Illustrator of O Monstro do Armário (2013), Nossas Diferenças (2013) Trato Feito (2012), La Aventura Nunca Imaginada de un Lápiz (2016). He earned a post-graduation from Universidad Autónoma de Barcelona (Spain, 2008), a BA in Advertising and Communications from Unibrasil (Brazil, 2006), a Technical Degree in Industrial Design (Brazil, 2002) from Ensitec, and an Associate Degree in Environmental Studies (Brazil, 2004) by SENAI.

In his 20's received several prizes: Top of Quality Brazil 2012 and 2013, winner of the Spot Contest at the Autonomous University of Barcelona in 2008, 2nd place winner at Paraná Creation Club Yearbook in Brazil in 2005, 3rd place winner at Paraná Creation Club Yearbook, in Brazil, 2004. His Art Toys were nominated for the Designer Toy Awards in 2012 and 2013 in San Diego, CA. He is a Japanese-Brazilian living in the USsince 2015, and, as a multicultural person, he enjoyed illustrating this book.

PT

Marcus V Koshiro Matumoto (1983) gosta de criar personagens de um olho só chamados Monolho, e também gosta de construir, remodelar propriedades, gosta de arte urbana, marcenaria e de fazer artes com sua filha, Amélie. Ilustrador de O Monstro dentro do Armário (2013), Nossas Diferenças (2013) Trato Feito (2012), La Aventura Nunca Imaginada de un Lápiz (2016). Possui pós-graduação pela Universidad Autónoma de Barcelona (Espanha, 2008), formado em Publicidade e Propaganda pela Unibrasil (Brasil, 2006), curso técnico em Desenho Industrial (Brasil, 2002) pela ENSITEC e técnico em Meio Ambiente (Brasil, 2004) pelo SENAI.

Nos seus 20's recebeu diversos prêmios: Top of Quality Brasil 2012 e 2013 (APEX Brasil), vencedor do Spot Contest da Universidade Autónoma de Barcelona em 2008, 2ª lugar no Anuário do Clube de Criação do Paraná, no Brasil em 2005, 3ª lugar no Anuario do Clube de Criação do Paraná, no Brasil em 2004. Seus Art Toys foram indicados ao Designer Toy Awards em 2012 e 2013 em San Diego, CA. Ele é um nipo-brasileiro radicado nos EUA desde 2015 e, como pessoa multicultural, ele se divertiu bastante ilustrando este livro em família.

About the mini author

Amélie Mestre-Matumoto (2016), is eight years old and likes to make art with materials she finds at home and wherever she walks. She has a furry four-legged brother, the dog Río, Riohacha, Mito, Verde, Memo, Memito, Toto and she loves to read, sing and dance. "If a child speaks more than one language and uses one more than the other, he or she should still save both."

United Nations

About the author

María Rosana Mestre (1985) believes imagination should be protected and defended in all children with any language. Born in Venezuela, she is a linguist passionate about reading, writing, translating, and teaching world languages. She runs Spanish For Entities, a language institute. María Rosana received an MA in Literature Studies, Comprative Literture from the Universidade Federal do Paraná (Brazil, 2013), a postgraduate degree in Creative Communication from Universidad Autónoma de Barcelona (Spain, 2008), and a BA in Print Journalism from the Universidad Rafael Belloso Chacín (Venezuela, 2006).

She is the author of **Trato Feito** (Brazil, 2012) and **Carlota Shares Her Secret** (US, 2021) and lives in Indiana with her daughter Amélie, her husband, her mom, and a puppy named Río.

PT

María Rosana Mestre (1985) acredita que a imaginação deve ser protegida e defendida a todas as crianças de qualquer idioma. Nascida na Venezuela, ela é uma linguista apaixonada por ler, escrever, traduzir e ensinar línguas. Ela dirige o Spanish For Entities, um instituto de idiomas. María Rosana possui mestrado em Literatura comparada, Estudos Literários pela Universidade Federal do Paraná (Brasil, 2013), pós-graduação em Comunicação Criativa pela Universidad Autónoma de Barcelona (Espanha, 2008) e se formou em Jornalismo Impresso pela Universidad Rafael Belloso Chacín (Venezuela, 2006).

É autora de Trato Feito (Brasil, 2012) e Carlota Shares Her Secret (EUA, 2021) e mora em Indiana com a filha Amélie, o esposo, a mãe e um cachorrinho chamado Río.

Blaa Aaaa Bla

Sobre a mini autora

Amélie Mestre-Matumoto (2016), tem oito anos e gosta de fazer arte com materiais que encontra em casa e por onde passa. Ela tem um irmão peludo de quatro patas, o cachorrinho Río, Riohacha, Mito, Verde, Memo, Memito, Toto, e adora ler, cantar e dançar. "Se uma criança fala mais de uma língua e usa uma mais do que a outra, mesmo assim deveria salvar as duas."

www.ingramcontent.com/pod-product-compliance
Lightning Source LLC
Chambersburg PA
CBHW041552120626
46551CB00002B/174